marmiton

TOUT UN Fromage !

100 % certifié fait maison

60 RECETTES POUR FONDRE DE PLAISIR

Michel LAFON

Sommaire

LE GRATIN DES GRATINS AU FROMAGE

VOUS ÊTES PLUTÔT QUICHES, TARTES OU CAKES ?

DU FROMAGE POUR LE DESSERT !

RECETTES

CHEESE !
C'EST L'HEURE DE L'APÉRO

RECETTE

CHEESE !
C'EST L'HEURE DE L'APÉRO

Gougères au fromage

Pour	Préparation	Cuisson	Difficulté	Coût
6 personnes	**20 minutes**	**25 minutes**	**Facile**	**Bon marché**

INGRÉDIENTS

150 g d'emmental râpé

150 g de farine tamisée

80 g de beurre

(+ **15 g** pour la plaque)

4 œufs entiers

1 jaune d'œuf + **5 cl** de lait (facultatif)

1 pincée de noix muscade râpée

Sel, poivre du moulin

1. Préchauffez le four à 200 °C (th. 6-7).
2. Dans une casserole, portez 25 cl d'eau à ébullition, avec le beurre coupé en morceaux et 1 cuil. à café de sel.
3. Hors du feu, ajoutez la farine d'un coup puis mélangez vivement et faites dessécher la préparation pendant 1 min sur feu doux sans cesser de remuer.
4. Laissez tiédir quelques instants puis incorporez les œufs un par un en mélangeant bien.
5. Ajoutez le fromage râpé, la muscade, du sel et du poivre puis mélangez à nouveau.
6. Déposez cette pâte à l'aide de deux cuillères à café en petits tas bien espacés, sur une plaque de cuisson beurrée ou sur une plaque en silicone.
7. Enfournez pour 25 min en surveillant. Les gougères doivent être bien gonflées et dorées.
8. Servez tiède ou froid.

ASTUCES

Vous pouvez dorer les petites gougères au pinceau avec un jaune d'œuf délayé dans un peu de lait.

L'emmental peut être remplacé par du comté, du gruyère ou du parmesan.

Vous pouvez transformer ce plat en entrée, en garnissant les gougères de foie gras ou d'une farce faite de chèvre frais, de noix mixée et d'un peu de ciboulette. À servir avec une salade verte.

Torsades au roquefort

Pour	Préparation	Cuisson	Difficulté	Coût
4 personnes	**10 minutes**	**10 minutes**	**Très facile**	**Bon marché**

INGRÉDIENTS

1 pâte feuilletée rectangulaire

100 g de roquefort

1 jaune d'œuf

Poivre

1. Préchauffez le four à 220 °C (th. 7-8).
2. Étalez la pâte sur un plan de travail et émiettez le roquefort.
3. Parsemez la surface de la pâte feuilletée de fromage. Poivrez généreusement.
4. Taillez des lanières de pâte de 2 cm de large et torsadez-les. Déposez-les sur une plaque de cuisson recouverte de papier cuisson.
5. Appliquez au pinceau un peu de jaune d'œuf dilué avec 1 cuil. à café d'eau sur vos torsades pour qu'elles prennent une belle couleur dorée à la cuisson.
6. Enfournez pour 10 min.

L'INDISPENSABLE

1 pinceau de cuisine

ASTUCES

Ajoutez un filet de miel pour plus de gourmandise !

Vous pouvez aussi parsemer la pâte de noix concassées ou de copeaux de tomates séchées.

Croquettes au parmesan

PAR italia.a

Pour	Préparation	Réfrigération	Cuisson	Difficulté	Coût
6 personnes	**30 minutes**	**1 demi-journée**	**5 minutes**	**Moyen**	**Bon marché**

INGRÉDIENTS

225 g de parmesan râpé

5 œufs

100 g de beurre

100 g de farine
+ **50 g** pour la panure

60 cl de lait

50 g de chapelure

1 l d'huile de friture

1 pincée de noix muscade râpée

Sel, poivre du moulin

LES INDISPENSABLES

1 écumoire
1 fouet à main

1. Séparez les blancs d'œufs des jaunes, et réservez les blancs au réfrigérateur.
2. Faites fondre le beurre dans une casserole à feu moyen, ajoutez la farine puis le lait, sans cesser de fouetter, jusqu'à obtention d'une béchamel très épaisse.
3. Hors du feu, ajoutez les jaunes d'œufs, le parmesan, la muscade. Salez légèrement et poivrez.
4. Étalez la préparation dans un plat et réservez-la pendant une demi-journée au moins au réfrigérateur.
5. Mettez l'huile à bouillir dans une friteuse ou dans une grande casserole. Mettez la farine, les blancs d'œufs réservés et la chapelure chacun dans une assiette à soupe ou un bol.
6. Partagez la préparation au couteau en 12 portions. Roulez chaque portion en boule avec vos doigts et passez-la successivement dans la farine, le blanc d'œuf et la chapelure.
7. Plongez les croquettes dans l'huile bouillante pour 4 à 5 min. Elles doivent être bien dorées. Retirez-les avec une écumoire et laissez-les égoutter sur du papier absorbant.
8. Servez chaud ou tiède.

ASTUCE
Pour réduire le temps de repos au réfrigérateur, vous pouvez placer la pâte au congélateur pendant 30 min.

RECETTE

CHEESE !
C'EST L'HEURE DE L'APÉRO

Tarte soleil
AU CAMEMBERT RÔTI

Pour	Préparation	Cuisson	Difficulté	Coût
6 personnes	**15 minutes**	**25 minutes**	**Très facile**	**Bon marché**

INGRÉDIENTS

1 camembert

50 g de noisettes décortiquées

2 pâtes feuilletées

125 g de compote de pommes bien lisse

1. Préchauffez le four à 190 °C (th. 6-7). Concassez les noisettes.
2. Déroulez la première pâte feuilletée sur une plaque du four couverte de papier cuisson, et prélevez au centre un rond de pâte de la taille du couvercle de la boîte du camembert.
3. Étalez la compote de pommes sur la pâte, tout autour du trou, et parsemez-la de noisettes concassées.
4. Déroulez la seconde pâte feuilletée et prélevez aussi un rond de pâte au centre. Déposez-la sur la première pâte.
5. Coupez les 2 pâtes ensemble en 24 rayons, sans aller jusqu'au centre, puis torsadez-les. Roulez et torsadez également les 2 ronds de pâte prélevés et entourez-en le trou au centre de la pâte en formant un cordon. Enfournez pour 15 min.
6. Retirez le papier ainsi que la croûte supérieure du camembert puis remettez ce dernier dans sa boîte (sans le couvercle), en ayant eu soin de retirer les étiquettes en papier. Déposez-la dans le trou au centre de la pâte et poursuivez la cuisson 10 min.

ASTUCES

En saison, remplacez le camembert par du mont d'or.
Si vous avez le temps, faites une compote maison.

RECETTE

CHEESE !
C'EST L'HEURE DE L'APÉRO

Mini-croque-monsieur

Pour	Préparation	Cuisson	Difficulté	Coût
6 personnes	**10 minutes**	**5 minutes**	**Très facile**	**Bon marché**

INGRÉDIENTS

12 tranches de pain de mie

4 tranches de jambon blanc

6 tranches d'emmental

150 g de fromage râpé

75 g de beurre tendre

6 cuil. à soupe de lait

1 pincée de noix muscade râpée

Sel, poivre du moulin

1. Préchauffez le four à 200 °C (th. 6-7).
2. Beurrez les tranches de pain de mie sur une seule face puis divisez chacune d'elles en 9 petits carrés. Coupez les tranches de jambon et d'emmental en autant de petits carrés de la même dimension.
3. Posez sur la moitié d'entre eux 1 morceau d'emmental et 1 morceau de jambon.
4. Recouvrez avec les petits carrés de pain de mie restants (face non beurrée au-dessus).
5. Dans un bol, mélangez le fromage râpé avec le lait, du sel, du poivre et la muscade puis répartissez cette préparation sur les mini-croque-monsieur.
6. Posez-les sur une plaque du four et glissez-la sous le gril pendant 5 min.
7. Servez chaud de préférence.

ASTUCES

Vous pouvez remplacer l'emmental par un autre fromage à pâte dure de votre choix et/ou ajouter un peu de moutarde à l'ancienne.

Maintenez vos mini-croque-monsieur avec des cure-dents, qui permettront de les attraper plus facilement.

Vous pouvez doubler les rations de fromage pour un rendu encore plus gourmand.

RECETTE

CHEESE !
C'EST L'HEURE DE L'APÉRO

Chips de parmesan

Pour	Préparation	Cuisson	Difficulté	Coût
4 personnes	**5 minutes**	**7 minutes**	**Facile**	**Bon marché**

INGRÉDIENTS

200 g de parmesan

Poivre

L'INDISPENSABLE

1 râpe

1. Faites chauffer le four à 180-200 °C (thermostat 6-7).
2. Râpez le parmesan pas trop finement.
3. Étalez une mince couche de parmesan sur une feuille de papier cuisson ou de silicone. Poivrez.
4. Enfournez pour 5 à 7 min, en surveillant la coloration. Le parmesan doit à peine brunir.
5. Laissez refroidir et durcir, puis décollez du papier.
6. Cassez le parmesan cuit en morceaux de la taille d'une chips.

ASTUCES

Vous pouvez également faire ces chips à la poêle. Déposez des petits tas de parmesan râpé dans une poêle très chaude, en les séparant bien car ils vont s'étaler à la cuisson. Laissez fondre puis durcir, et retirez vos chips à l'aide d'une spatule.

Ajoutez une pincée d'épices en poudre : piment d'Espelette, paprika, cumin… et/ou des petites feuilles de basilic, du thym ou du romarin émiettés.

Mousse de fromage frais

AUX HERBES, ŒUFS DE SAUMON, GRESSINS SABLÉS AUX BAIES ROSES

Pour	Préparation	Repos	Cuisson	Difficulté	Coût
4 personnes	**Verrines 5 min** **Gressins 20 min**	**1 h 30**	**20 minutes**	**Facile**	**Moyen**

INGRÉDIENTS

1 pot de 180 g de fromage frais fouetté

1 pot de 50 g d'œufs de saumon

6 brins de ciboulette fraîche

Poivre

Pour les gressins :

6 g de levure de boulanger fraîche

150 g de farine

2 g de sel

1 cuil. à soupe d'huile d'olive (+ pour la cuisson)

1 cuil. à café de thym

1 pincée de gingembre

½ cuil. à café de baies roses concassées

1. Préparez les verrines. Ciselez la ciboulette et mélangez-la au fromage frais. Poivrez.
2. Incorporez délicatement les œufs de saumon et répartissez cette mousse dans les verrines.
3. Réservez au frais jusqu'au moment de servir.
4. Préparez les gressins. Délayez la levure dans 5 cl d'eau tiède et laissez reposer 5 min. Versez la farine dans la cuve du robot et mélangez avec le sel. Incorporez l'huile d'olive, le thym émietté, le gingembre et la levure délayée, et pétrissez pendant 5 min environ jusqu'à obtenir une boule de pâte homogène et élastique.
5. Incorporez à la main les baies roses concassées, puis laissez la pâte reposer à couvert et à température ambiante pendant 1 h.
6. Préchauffez le four à 210 °C (th. 7).
7. Étalez la pâte en rectangle sur une épaisseur de 1 cm, et découpez-la en bandes d'environ 1 cm de largeur. Roulez-les sur le plan de travail fariné. Déposez-les sur une plaque à pâtisserie couverte de papier cuisson, badigeonnez-les d'huile d'olive et laissez reposer 30 min.
8. Enfournez pour 15 à 20 min, en retournant les gressins à mi-cuisson.
9. Servez les verrines bien fraîches avec les gressins.

LES INDISPENSABLES

4 verrines
1 robot
1 rouleau à pâtisserie
1 pinceau de cuisine

RECETTES

POUR COMMENCER...
À FONDRE DE PLAISIR !

RECETTE

POUR COMMENCER... À FONDRE DE PLAISIR !

Soufflés au fromage

PAR Veronique_296

Pour **4 personnes** | Préparation **15 minutes** | Cuisson **30 minutes** | Difficulté **Facile** | Coût **Bon marché**

INGRÉDIENTS

150 g d'emmental ou de gruyère râpé

60 g de beurre

60 g de farine

40 cl de lait

5 œufs

Noix muscade

Sel, poivre

LES INDISPENSABLES

1 fouet à main
4 ramequins
1 batteur électrique

1. Préchauffez le four à 180 °C (th. 6). Beurrez les ramequins.
2. Faites chauffer le beurre dans une casserole. Ajoutez la farine et remuez rapidement pendant 1 min. Versez le lait tiédi et remuez au fouet pendant quelques minutes à feu doux. Retirez la casserole du feu.
3. Séparez les blancs des jaunes d'œufs. Montez les blancs en neige avec une pincée de sel.
4. Dans la casserole refroidie, ajoutez les jaunes d'œufs un à un, puis le fromage. Râpez un peu de noix muscade, salez légèrement et poivrez.
5. Incorporez délicatement les blancs d'œufs.
6. Versez la préparation dans les ramequins jusqu'à 2 cm du bord. Enfournez pour 20 à 25 min.

RECETTE

POUR COMMENCER...
À FONDRE DE PLAISIR !

Mug-cakes au camembert ET AUX POMMES

Pour	Préparation	Cuisson	Difficulté	Coût
4 personnes	**10 minutes**	**8 minutes**	**Très facile**	**Bon marché**

INGRÉDIENTS

1 camembert

1 pomme acidulée

150 g de farine

1 sachet de levure chimique

4 œufs

4 cuil. à soupe d'huile neutre (+ pour les mugs)

Poivre

1. Coupez le camembert et la pomme en petits dés, sans la peler. Mélangez la levure avec la farine.
2. Mélangez au fouet les œufs avec du poivre, l'huile, la farine à la levure versée en pluie dans un saladier.
3. Incorporez les dés de pomme et les trois quarts des morceaux de camembert.
4. Répartissez la préparation dans les mugs légèrement huilés.
5. Faites cuire chaque mug au micro-ondes, à 800 W, pendant 1 min et 20 s.
6. Répartissez dessus le reste de fromage et remettez au micro-ondes 30 s.

LES INDISPENSABLES

4 mugs
1 fouet à main

ASTUCE

Servez ces mug-cakes avec une salade verte agrémentée de cerneaux de noix.

RECETTE

POUR COMMENCER...
À FONDRE DE PLAISIR !

Assortiment DE FROMAGES PANÉS

Pour	Préparation	Cuisson	Difficulté	Coût
4 personnes	**15 minutes**	**10 minutes**	**Facile**	**Moyen**

INGRÉDIENTS

1 munster

1 bûche de chèvre

1 camembert

16 cerneaux de noix

3 œufs

4 cuil. à soupe de graines de sésame grillées

4 cuil. à soupe de chapelure

L'INDISPENSABLE

1 mixeur

1. Mixez finement les noix et versez-les dans une assiette creuse. Battez les œufs à la fourchette dans une autre assiette. Faites torréfier les graines de sésame à sec dans une poêle et versez-les dans une troisième assiette. Versez enfin la chapelure dans une quatrième assiette.
2. Préchauffez le gril du four.
3. Coupez le munster en 4 portions, passez chacun des quartiers dans l'œuf battu, puis dans les noix mixées. Déposez-les sur la lèchefrite du four couverte de papier cuisson.
4. Coupez la bûche de chèvre en quatre, et passez les morceaux dans l'œuf battu puis dans les graines de sésame grillées. Mettez-les sur la lèchefrite.
5. Coupez le camembert en quatre, et panez-le deux fois : passez les morceaux dans l'œuf, puis dans la chapelure, et à nouveau dans l'œuf puis dans la chapelure. Posez-les sur la lèchefrite.
6. Enfournez pour 10 min sous le gril, et servez sans tarder, car cela refroidit rapidement.

ASTUCE

Accompagnez ces fromages panés d'une salade de mâche bien relevée et de fruits secs, de confiture de cerises, de bacon grillé...

RECETTE

POUR COMMENCER...
À FONDRE DE PLAISIR !

Piccatas de veau
AU FROMAGE

Pour	Préparation	Cuisson	Difficulté	Coût
4 personnes	**10 minutes**	**10 minutes**	**Facile**	**Moyen**

INGRÉDIENTS

4 fines escalopes de veau

4 tranches de jambon fumé

8 tranches d'emmental ou de gouda

8 fines tranches de chorizo

20 g de beurre

2 cuil. à soupe d'huile d'olive

Poivre

LES INDISPENSABLES

8 piques en bois

1. Coupez les escalopes et les tranches de jambon en deux. Faites tremper les piques en bois dans l'eau pour leur éviter de brûler à la cuisson.
2. Déposez une demi-tranche de jambon sur chacune des demi-escalopes, ainsi qu'une tranche de fromage et une tranche de chorizo. Poivrez.
3. Roulez délicatement le tout, en pressant légèrement. Maintenez les piccatas avec les piques en bois.
4. Faites chauffer l'huile et le beurre dans une grande poêle.
5. Saisissez les piccatas 8 à 10 min, sur toutes les faces.

ASTUCES

Servez ces piccatas sur un lit de roquette, avec des pommes de terre sautées aux herbes.

Préparez-les avec du comté ou une tomme de chèvre.

RECETTE

POUR COMMENCER...
À FONDRE DE PLAISIR !

Moules gratinées AU PARMESAN

Pour	Préparation	Cuisson	Difficulté	Coût
6 personnes	**20 minutes**	**5 minutes**	**Très facile**	**Moyen**

INGRÉDIENTS

1,5 kg de grosses moules
100 g de parmesan
100 g de chapelure
3 gousses d'ail
1 petit bouquet de persil
100 g de beurre
Sel, poivre

1. Préchauffez le gril du four. Nettoyez les moules, puis faites-les ouvrir à feu vif et à couvert en remuant de temps en temps la casserole. Retirez la coquille supérieure.
2. Pelez l'ail. Hachez-le avec du persil, puis mélangez le hachis à la fourchette avec le beurre ramolli. Salez et poivrez.
3. Mélangez le parmesan râpé et la chapelure dans un bol.
4. Garnissez les moules d'un peu de beurre à l'ail et au persil, puis répartissez-les dans 6 plats individuels allant au four et saupoudrez du mélange parmesan-chapelure.
5. Faites gratiner 5 min sous le gril. Servez aussitôt, parsemé du reste de persil ciselé.

ASTUCE
Vous pouvez remplacer le mélange chapelure-parmesan par de l'emmental râpé.

LES INDISPENSABLES
6 plats à gratin individuels

RECETTE

POUR COMMENCER...
À FONDRE DE PLAISIR !

Crème de camembert

Pour	Préparation	Cuisson	Difficulté	Coût
4 personnes	**10 minutes**	**5 minutes**	**Très facile**	**Bon marché**

INGRÉDIENTS

1 camembert

20 cl de crème liquide

1 cuil. à café de mélange 3 baies (poivre noir et blanc, baies roses)

1. Concassez grossièrement le mélange 3 baies.
2. Mettez la crème liquide à chauffer à feu doux dans une casserole avec les baies concassées.
3. Coupez le camembert en petits morceaux. Mettez les morceaux de camembert à fondre dans la crème, toujours à feu doux, en remuant régulièrement afin que le fond ne brûle pas.
4. Quand le camembert a complètement fondu, votre crème au fromage est prête, et elle agrémentera parfaitement aussi bien une viande grillée que des légumes ou des pâtes.

ASTUCE
Vous pouvez réaliser cette recette avec toutes sortes de fromages : du cheddar, du reblochon, du roquefort...

RECETTE

POUR COMMENCER...
À FONDRE DE PLAISIR !

Poires farcies au bleu

Pour	Préparation	Cuisson	Difficulté	Coût
4 personnes	**15 minutes**	**25 minutes**	**Facile**	**Bon marché**

INGRÉDIENTS

2 poires passe-crassane

200 g de bleu d'Auvergne (ou de roquefort)

15 g de beurre

1 cuil. à soupe de miel liquide

1 cuil. à soupe de crème fraîche épaisse

4 cuil. à café de pignons de pin

Poivre

L'INDISPENSABLE

1 plat à gratin

1. Préchauffez le four à 150 °C (th. 5).
2. Faites fondre le beurre dans une casserole, ajoutez le miel, mélangez et retirez du feu.
3. Coupez les poires en deux, éliminez le centre et les pépins.
4. Posez les demi-fruits côté coupé au-dessus dans le plat à gratin, badigeonnez-les du mélange beurre-miel et enfournez pour 20 min.
5. Pendant ce temps, coupez le fromage en petits morceaux, et mélangez-en la moitié dans un bol avec la crème et du poivre.
6. Faites torréfier les pignons de pin à sec dans une poêle.
7. Quand les demi-poires sont cuites, répartissez le mélange au fromage dans le creux de chacune, parsemez-les de pignons de pin et remettez au four pour 5 min.
8. À la sortie du four, répartissez le reste de fromage bleu sur les demi-poires et servez avec des tranches de pain grillé.

ASTUCE

Remplacez les pignons de pin par des noix concassées ou des grains de raisin.

RECETTE

POUR COMMENCER...
À FONDRE DE PLAISIR !

Quesadillas

AUX TROIS FROMAGES ET AU LARD

Pour	Préparation	Cuisson	Difficulté	Coût
6 personnes	**20 minutes**	**10 minutes**	**Très facile**	**Bon marché**

INGRÉDIENTS

1 paquet de 12 tortillas

100 g de lard en fines tranches

2 oignons

1 tomate

4 jalapeños (piments mexicains) frais ou en conserve

100 g de cheddar

125 g de mozzarella

100 g de fromage de chèvre frais

1 pincée de cumin en poudre

1 cuil. à café de paprika

50 g de beurre fondu

1. Préchauffez le four à 200 °C (th. 6-7).
2. Dans une poêle, faites griller les tranches de lard sans ajouter de matière grasse. Réservez-les sur du papier absorbant pour retirer l'excédent de gras.
3. Épluchez les oignons, puis hachez-les. Lavez la tomate, coupez-la en petits dés. Lavez ou égouttez les jalapeños, puis émincez-les.
4. Râpez le cheddar et coupez la mozzarella en petits cubes. Détaillez le lard en lardons.
5. Dans un saladier, mélangez les oignons, les dés de tomate, les jalapeños, les fromages, les lardons, le cumin en poudre et le paprika.
6. À l'aide d'un pinceau à pâtisserie, beurrez une face d'une tortilla et retournez-la, face beurrée contre la plaque de cuisson.
7. Garnissez-la du mélange, recouvrez d'une seconde tortilla et badigeonnez de beurre fondu. Répétez l'opération avec les autres tortillas.
8. Enfournez pour 10 min en retournant à mi-cuisson.
9. À la sortie du four, coupez les tortillas en parts et servez aussitôt.

La France :

LE PAYS DU FROMAGE !

On compte plus de 1 200 variétés de fromage en France, un chiffre impressionnant qui témoigne tant du goût des Français – et du monde entier – pour ces délicieux produits que de l'inventivité de leurs créateurs.

La France, avec ses 46 AOP reconnues internationalement, possède une immense variété de fromages locaux souvent confidentiels, dont certains n'ont jamais dépassé les frontières départementales ou régionales.
L'incroyable diversité des fromages français est due notamment à celle des terroirs, qui possèdent chacun leurs spécificités. Du nord au sud, de l'est à l'ouest, des estives pyrénéennes aux coteaux du Boulonnais, de la vallée de la Maurienne au bocage normand en passant par les plateaux volcaniques de l'Auvergne, la culture laitière et fromagère est partout présente pour nous régaler.

LES CHÈVRES

Les fromages de chèvre ont des textures et des goûts bien différents en fonction de la technique de fabrication : il y en a dans toutes les familles de pâtes. Ils sont fabriqués comme des fromages frais ou affinés, cendrés ou non, et prennent différentes formes : crottins, bûches, pyramides, bouchons, palets… Parmi les plus réputés : le crottin de Chavignol, le rocamadour, le valençay, le sainte-maure, le selles-sur-cher.

LES FROMAGES FONDUS

Ils sont obtenus en faisant fondre du fromage ou un mélange de fromages, auxquels on peut ajouter des aromates, des épices ou encore du beurre, comme dans la cancoillotte franc-comtoise. La plupart portent le nom d'une marque déposée.

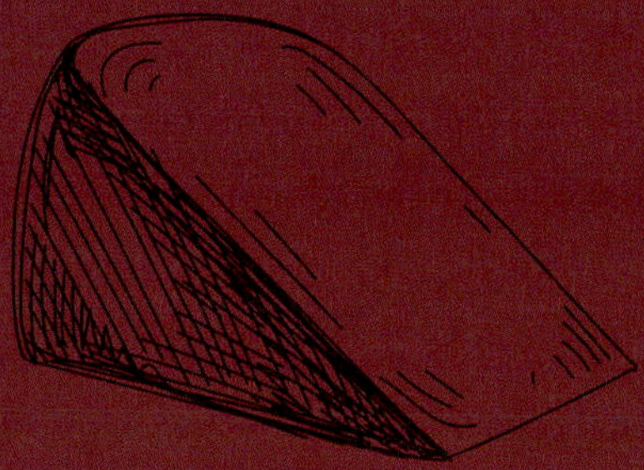

6

SIX GRANDES FAMILLES

Les fromages diffèrent tous par leur texture, leur forme, leur saveur… On les classe en six grandes familles, auxquelles sont traditionnellement ajoutées celles des fromages fondus et des chèvres.

- **Les fromages à pâte fraîche**, comme la brousse, le fontainebleau ou la faisselle, sont fabriqués à partir du lait caillé dont on extrait le petit-lait par égouttage. Ils sont parfois moulés, mais ils ne sont pas affinés.
- **Les fromages à pâte molle et à croûte fleurie**, comme le camembert, le chaource, le brie, à la texture onctueuse, fondante, voire crémeuse, sont fabriqués avec du lait caillé, puis moulés et égouttés. Une fois démoulé, le lait caillé est salé puis séché. La surface est ensemencée d'un champignon, et une croûte blanche et duveteuse se forme durant l'affinage : la « fleur ».
- **Les fromages à pâte molle et à croûte lavée**, comme le maroilles, l'époisses et le pont-l'évêque, sont fabriqués comme ceux à croûte fleurie jusqu'à l'affinage. Là, ils sont en plus lavés et brossés à plusieurs reprises avec de la saumure, à laquelle on ajoute parfois de l'alcool (du marc de Bourgogne pour l'époisses). Ces fromages sont réputés pour leur odeur forte et leur croûte souvent de couleur orangée.
- **Les fromages à pâte pressée non cuite**, comme le reblochon et le saint-nectaire, mais aussi le cantal, la mimolette et le gouda, sont issus de caillé non cuit pressé au moment du moulage afin d'éliminer le maximum de lactosérum, puis laissé à l'affinage. Ils présentent une texture plus ou moins ferme selon leur durée d'affinage.
- **Les fromages à pâte pressée cuite**, dont l'emmental, le beaufort, l'abondance et le comté, sont des fromages de vache dont le caillé a été chauffé et pressé pour que l'on puisse les consommer toute l'année. Leur maturation lente et longue leur donne une saveur fruitée et une texture ferme.
- **Pour fabriquer les fromages à pâte persillée**, tels que le roquefort, la fourme d'Ambert et tous les fromages dits « bleus », au moulage, le caillé est ensemencé d'un champignon (*Penicillium glaucum, Penicillium roqueforti* ou *Penicillium candidum*) qui permet de développer des moisissures dans la pâte. Pendant plusieurs mois, les fromages sont affinés dans un milieu humide et piqués avec de longues aiguilles pour faciliter la circulation de l'air dans la pâte et stimuler le développement des moisissures.

RECETTES

LES SALADES AIMENT LE FROMAGE !

RECETTE

LES SALADES AIMENT LE FROMAGE !

Salade de chèvre chaud, FIGUES, RADIS ET NOISETTES

Pour	Préparation	Cuisson	Difficulté	Coût
4 personnes	**30 minutes**	**5 minutes**	**Facile**	**Moyen**

INGRÉDIENTS

4 petits fromages de chèvre (cabécous ou rocamadours)

2 figues fraîches

1 cuil. à soupe de noisettes

2 radis ronds

100 g de haricots verts mangetout

4 belles feuilles de chou blanc

1 poignée de cresson

1 cœur de laitue

Aneth frais

3 cuil. à soupe d'huile d'olive

1 cuil. à soupe de vinaigre de framboise

Sel et poivre

1. Préchauffez le gril du four.
2. Coupez les figues en quatre, concassez les noisettes en gros morceaux, coupez les radis en fines rondelles.
3. Faites cuire les haricots dans l'eau bouillante salée, en les laissant croquants. Blanchissez 30 s les feuilles de chou dans la même eau, et égouttez le tout.
4. Ciselez joliment les bords des feuilles de chou. Réservez.
5. Lavez et égouttez le cresson et la laitue.
6. Préparez la sauce en mélangeant l'huile avec le vinaigre, du sel et du poivre.
7. Déposez les fromages sur la grille du four couverte de papier cuisson et enfournez quelques minutes, juste pour faire dorer les bords.
8. Présentez à l'assiette, en commençant par un lit de laitue et de cresson, sur lequel vous déposez la feuille de chou ciselée avec le chèvre chaud.
9. Parsemez de noisettes, ajoutez des rondelles de radis et quelques haricots verts, ainsi que deux quartiers de figue, un peu d'aneth et d'assaisonnement.

RECETTE

LES SALADES AIMENT LE FROMAGE !

Salade d'été burrata, COURGETTES ET PÊCHES RÔTIES

Pour	Préparation	Cuisson	Difficulté	Coût
4 personnes	**20 minutes**	**10 minutes**	**Facile**	**Moyen**

INGRÉDIENTS

6 pêches blanches bien mûres

2 courgettes

2 burratas

½ citron

Basilic frais

Huile d'olive

½ baguette de pain

1 poignée de mesclun

Sel et poivre

1. Prélevez le zeste du demi-citron à l'Économe, et recoupez les lanières de zeste en filaments. Prélevez aussi le jus.
2. Ciselez le basilic et couvrez-le d'huile d'olive dans un bol. Ajoutez les filaments de zeste de citron et laissez mariner.
3. Coupez le pain en morceaux et faites-les dorer à la poêle dans un filet d'huile d'olive.
4. Coupez les pêches en deux et dénoyautez-les. Arrosez-les du jus de citron, puis faites-les rôtir quelques minutes au barbecue ou sur un gril, sur les deux faces.
5. Coupez les courgettes en lamelles dans la longueur, puis recoupez-les en deux. Badigeonnez-les d'huile d'olive avec un pinceau de cuisine, puis faites-les griller également, en les gardant un peu croquantes.
6. Servez cette salade à l'assiette. Disposez ½ burrata sur un lit de mesclun. Ajoutez 3 oreillons de pêches, des lamelles de courgettes grillées et des croûtons. Assaisonnez avec la marinade au basilic. Salez légèrement, et poivrez généreusement.

LES INDISPENSABLES

1 Économe
1 pinceau de cuisine

RECETTE

LES SALADES AIMENT LE FROMAGE !

Salade de lentilles,
HALLOUMI ET TAGLIATELLES DE COURGETTE

Pour	Préparation	Cuisson	Difficulté	Coût
4 personnes	**15 minutes**	**25 minutes**	**Facile**	**Bon marché**

INGRÉDIENTS

200 g de lentilles vertes

1 courgette

300 g de halloumi

1 poignée de pignons de pin

2 gros radis ronds

Persil

Huile d'olive

1 cuil. à soupe de vinaigre de xérès

2 brins de persil frisé

Sel et poivre

1. Faites cuire les lentilles dans un grand volume d'eau bouillante salée, en les gardant al dente. Égouttez-les et laissez-les refroidir.
2. Taillez la courgette en fines lamelles dans la longueur, et recoupez-les en tagliatelles de 0,5 cm de large au couteau.
3. Coupez le halloumi en gros cubes et faites-les dorer dans une poêle avec un peu d'huile d'olive sur toutes les faces.
4. Faites torréfier les pignons de pin à sec dans une poêle. Coupez les radis en fines rondelles.
5. Mélangez dans un saladier les lentilles, les tagliatelles de courgette, les dés de halloumi grillés, les pignons de pin et les rondelles de radis. Ajoutez 3 cuil. à soupe d'huile et le vinaigre. Salez et poivrez, parsemez de pluches de persil.

ASTUCE
Vous pouvez ajouter des anneaux d'oignon rouge.

RECETTE

LES SALADES AIMENT LE FROMAGE !

Salade vitaminée

ENDIVE ROUGE, FOURME D'AMBERT ET NOIX

Pour **4 personnes**

Préparation **15 minutes**

Difficulté **Très facile**

Coût **Bon marché**

INGRÉDIENTS

3 endives rouges ou carmines

200 g de fourme d'Ambert

12 cerneaux de noix

1 pomme

2 brins de persil

3 brins de ciboulette

1 cuil. à café de moutarde forte

3 cuil. à soupe d'huile d'olive

1 cuil à soupe de vinaigre de cidre

Sel et poivre

1. Retirez la première feuille des endives et le trognon, puis coupez-les en gros tronçons.
2. Coupez la fourme en tranches. Concassez grossièrement les cerneaux de noix.
3. Pelez la pomme, retirez les pépins et coupez-la en quartiers. Ciselez le persil et la ciboulette.
4. Préparez la sauce en mélangeant la moutarde avec l'huile, le vinaigre, du sel et du poivre.
5. Mélangez délicatement tous les ingrédients, et nappez-les de la sauce.

ASTUCE

Remplacez la fourme par du roquefort ou du bleu d'Auvergne.

RECETTE

LES SALADES AIMENT LE FROMAGE !

Salade de melon grillé,

JAMBON SERRANO, MOZZARELLA ET BASILIC

Pour	Préparation	Cuisson	Difficulté	Coût
4 personnes	**20 minutes**	**5 minutes**	**Facile**	**Moyen**

INGRÉDIENTS

1 melon bien mûr

4 tranches fines de jambon serrano

125 g de billes de mozzarella

Basilic frais

Huile d'olive

Sel et poivre

1. Coupez le melon en deux, retirez les pépins, puis recoupez-le en tranches et pelez celles-ci. Faites-les griller au barbecue ou au gril.
2. Égouttez la mozzarella.
3. Servez à l'assiette, avec 1 tranche de jambon, le quart des billes de mozzarella et des quartiers de melon grillés. Parsemez de petites feuilles de basilic.
4. Arrosez d'un filet d'huile d'olive, salez et poivrez.

ASTUCE
Utilisez du poivre de Timut, ou des baies de Timut, à la saveur acidulée, pour cette recette.

RECETTES

POUR SE RÉGALER EN BONNE COMPAGNIE !

RECETTE

POUR SE RÉGALER EN BONNE COMPAGNIE !

Mont d'or au four

Pour	Préparation	Cuisson	Difficulté	Coût
4 personnes	10 minutes	20 minutes	Très facile	Bon marché

INGRÉDIENTS

1 mont d'or dans sa boîte

5 cl de vin blanc

5 feuilles de sauge

Poivre

1. Préchauffez le four à 180 °C (th. 6).
2. Faites un trou au milieu du mont d'or, et versez-y le vin blanc.
3. Posez les feuilles de sauge sur le fromage.
4. Enfournez pour le faire fondre, soit environ 20 min.
5. Poivrez à la sortie du four.
6. Servez avec un bon pain de campagne et une salade verte.

ASTUCE
Accompagnez ce fromage au four de pommes de terre vapeur, de charcuterie fine et d'un vin blanc du Jura, dont le mont d'or est originaire.

RECETTE

POUR SE RÉGALER
EN BONNE COMPAGNIE !

Cannelloni au brocciu
ET AUX ÉPINARDS

Pour	Préparation	Cuisson	Difficulté	Coût
6 personnes	20 minutes	30 minutes	Facile	Bon marché

INGRÉDIENTS

500 g de feuilles de lasagnes

400 g de brocciu

1 kg d'épinards surgelés

200 g de parmesan râpé

50 à 60 cl de béchamel

50 cl de coulis de tomates

50 g de pignons de pin

Basilic

Sel, poivre

1. Préchauffez le four à 200 °C (th. 6-7).
2. Décongelez les épinards à feu doux dans une casserole, puis essorez-les dans une passoire en appuyant bien dessus. Hachez-les grossièrement.
3. Remettez-les dans la casserole et mélangez-les à feu doux avec le brocciu émietté, 150 g de parmesan et la béchamel, versée par petites quantités. Salez et poivrez.
4. Mettez de l'eau à bouillir dans une grande casserole. Plongez-y les lasagnes pendant 3 min, le temps de les ramollir. Égouttez-les.
5. Disposez une feuille de lasagne sur le plan de travail. Étalez deux cuillerées à soupe de farce sur toute sa surface, puis roulez la feuille. Faites de même avec toutes les feuilles de lasagne.
6. Dans un grand plat allant au four, étalez le coulis de tomates, rangez les cannelloni coupés en deux à la verticale, bien serrés. Saupoudrez du reste de parmesan.
7. Enfournez pour 25 à 30 min. Servez chaud, parsemé de pignons et de petites feuilles de basilic.

RECETTE

POUR SE RÉGALER
EN BONNE COMPAGNIE !

Fondue savoyarde

INRATABLE

Pour	Préparation	Cuisson	Difficulté	Coût
4 personnes	30 minutes	15 minutes	Facile	Moyen

INGRÉDIENTS

1 pain de campagne
500 g de beaufort
400 g de comté
300 g de tomme de Savoie
¼ de reblochon
1 cuil. à café de Maïzena®
5 cl de kirsch
1 gousse d'ail
2 verres de vin blanc

LES INDISPENSABLES

1 caquelon
1 réchaud

1. Coupez le pain en cubes à l'avance pour qu'il durcisse un peu.
2. Enlevez les croûtes des fromages, puis taillez-les en lamelles. Réservez à part les lamelles de reblochon.
3. Versez la Maïzena® dans le kirsch et mélangez jusqu'à ce qu'elle soit dissoute.
4. Frottez un caquelon avec toute la gousse d'ail.
5. Versez le vin blanc dans le caquelon et faites-le chauffer à feu moyen. Quand le vin mousse, baissez le feu et ajoutez petit à petit les lamelles de beaufort, de comté et de tomme. Remuez avec une cuillère en bois en formant des 8.
6. Quand tout le fromage est fondu, ajoutez le reblochon et le mélange Maïzena®-kirsch. Mélangez à nouveau.
7. Allumez le réchaud et posez le caquelon dessus. Remuez de temps en temps.
8. Passez à table aussitôt et trempez les cubes de pain dans la fondue.

ASTUCE
Pour une version gourmande, remplacez le pain par des mini-boules de pain brioché.

RECETTE

**POUR SE RÉGALER
EN BONNE COMPAGNIE !**

Aligot TRADITIONNEL

Pour	Préparation	Cuisson	Difficulté	Coût
4 personnes	30 minutes	20 minutes	Facile	Moyen

INGRÉDIENTS

300 g de tomme fraîche d'Auvergne

300 g de pommes de terre farineuses

30 g de beurre

15 cl de crème fraîche

1 gousse d'ail

Sel et poivre

LES INDISPENSABLES

1 presse-purée
1 grande cuillère en bois
1 paire de ciseaux

1. Pelez les pommes de terre, coupez-les en cubes et faites-les cuire 20 min environ dans l'eau salée, départ à froid. Égouttez-les et réduisez-les en purée.
2. Incorporez le beurre, la crème, l'ail pilé, salez légèrement et poivrez.
3. Détaillez le fromage en très fines lamelles. Remettez la purée dans la casserole.
4. Sur feu doux, ajoutez le fromage à la purée.
5. Pendant au moins 15 min, battez la masse, toujours sur feu doux, avec la cuillère en bois, en formant des 8 et en la soulevant, jusqu'à obtenir une pâte lisse qui se détache des parois de la casserole et qui file.
6. Servez à l'assiette : soulevez un grand ruban d'aligot et coupez-le aux ciseaux.

ASTUCE
Accompagnez l'aligot de saucisses grillées nature ou aux herbes.

RECETTE

POUR SE RÉGALER
EN BONNE COMPAGNIE !

Filets mignons AU MAROILLES

PAR meli-melo

Pour	Préparation	Cuisson	Difficulté	Coût
6 personnes	30 minutes	30 minutes	Très facile	Moyen

INGRÉDIENTS

2 filets mignons de porc

250 g de maroilles

10 cl de vin blanc sec

1 oignon

50 cl de crème fraîche

Huile d'olive

Sel, poivre

1. Pelez et ciselez l'oignon, puis faites-le blondir dans une sauteuse avec de l'huile d'olive.
2. Ajoutez les filets mignons et faites-les dorer sur toutes les faces.
3. Versez le vin blanc, couvrez et laissez cuire 20 min.
4. Dans un bol, mélangez le maroilles coupé en petits morceaux avec la crème.
5. Réservez la viande quand elle est cuite, versez la crème au maroilles dans la sauteuse et laissez fondre. Salez et poivrez à votre convenance.
6. Servez les filets mignons en tranches avec la sauce.

ASTUCE

Ce plat est très bon accompagné de tagliatelles fraîches.

RECETTE

POUR SE RÉGALER EN BONNE COMPAGNIE !

Yakitoris BŒUF-FROMAGE

Pour	Préparation	Marinade	Cuisson	Difficulté	Coût
4 personnes	15 minutes	30 minutes	5 minutes	Facile	Moyen

INGRÉDIENTS

200 g de carpaccio de bœuf non mariné

400 g de maasdam

20 cl de sauce yakitori

LES INDISPENSABLES

Des petites piques à brochette

1. Placez les tranches de carpaccio dans un saladier rempli de sauce yakitori et laissez-les mariner pendant 30 min au réfrigérateur.
2. Coupez le maasdam en bâtonnets de 1 x 1 x 4 cm.
3. Plantez une petite pique à brochette dans la longueur de chaque bâtonnet de fromage.
4. Égouttez la viande en conservant la marinade. Enroulez ensuite une tranche de bœuf mariné autour de chaque bâtonnet.
5. Placez les brochettes dans une poêle chaude et faites-les cuire 1 à 2 min sur chaque côté, en arrosant régulièrement avec la marinade.
6. Servez aussitôt.

ASTUCE

Si vous n'avez pas de sauce yakitori, remplacez-la par un mélange chauffé de 3 cuil. à soupe de sauce soja salée, 2 cuil. à soupe de sauce soja sucrée, 1 cuil. à soupe de vinaigre de riz, 1 cuil. à soupe de miel et 2 cuil. à soupe de sucre.

RECETTE

POUR SE RÉGALER EN BONNE COMPAGNIE !

Cordons-bleus roulés

Pour	Préparation	Congélation	Cuisson	Difficulté	Coût
2 personnes	20 minutes	2 heures	20 minutes	Facile	Bon marché

INGRÉDIENTS

2 escalopes de dinde

2 tranches de jambon

4 tranches de comté

Pain de campagne rassis

1 petit bouquet de persil

1 œuf

Farine

Huile de friture

Sel, poivre

LES INDISPENSABLES

1 rouleau à pâtisserie
1 mixeur
1 écumoire

1. Posez les escalopes de dinde sur un plan de travail recouvert de film alimentaire. Recouvrez-les de papier cuisson et aplatissez-les à l'aide d'un rouleau à pâtisserie.
2. Placez sur chaque escalope 1 tranche de jambon, puis 2 tranches de comté. Salez et poivrez.
3. Roulez les escalopes sur elles-mêmes en les serrant bien dans le film alimentaire. Réservez au congélateur pendant 2 h.
4. Mixez le pain rassis et le persil en chapelure fine.
5. Faites chauffer l'huile de friture dans une grande casserole.
6. Préparez trois plats creux. Dans le premier, versez la farine. Dans le deuxième, placez l'œuf battu et, dans le dernier, la chapelure persillée.
7. Sortez les escalopes roulées du congélateur et enlevez le film alimentaire.
8. Passez-les successivement dans la farine, dans l'œuf battu, puis dans la chapelure. Renouvelez l'opération.
9. Préchauffez le four à 180 °C (th. 6).
10. Plongez les escalopes panées dans le bain de friture bien chaud et laissez cuire 10 min.
11. Sortez-les de l'huile à l'aide d'une écumoire, et déposez-les sur du papier absorbant pour retirer l'excès d'huile.
12. Déposez ensuite les cordons-bleus sur une plaque recouverte de papier cuisson et enfournez pour 10 min supplémentaires.
13. Servez bien chaud.

RECETTE

POUR SE RÉGALER EN BONNE COMPAGNIE !

Poivrons rôtis, ŒUFS, MERGUEZ ET BURRATA

Pour	Préparation	Cuisson	Difficulté	Coût
4 personnes	**15 minutes**	**25 minutes**	**Facile**	**Bon marché**

INGRÉDIENTS

2 poivrons rouges
4 œufs
4 merguez
1 burrata
1 oignon
Persil plat
Huile d'olive
Sel et poivre

1. Préchauffez le four à 180 °C (th. 6).
2. Coupez les poivrons épépinés en lanières et les merguez en rondelles. Pelez l'oignon et coupez-le en lamelles. Ciselez le persil.
3. Nappez le plat d'une fine couche d'huile et répartissez dessus les lanières de poivrons, l'oignon et les rondelles de merguez, puis enfournez pour 20 min, afin de faire cuire le poivron et l'oignon, et dorer les merguez.
4. Sortez le plat sans éteindre le four. Ajoutez des morceaux de burrata, et cassez les œufs dessus, sans crever les jaunes. Enfournez à nouveau pour 5 min environ, l'œuf doit être juste cuit, et la burrata fondue.
5. Parsemez de persil ciselé, salez et poivrez avant de servir.

L'INDISPENSABLE

1 grand plat à gratin

ASTUCE
Accompagnez ce plat d'une salade de roquette.

RECETTE

POUR SE RÉGALER
EN BONNE COMPAGNIE !

Pâtes aux 4 fromages

PAR Fée du fourneau

Pour	Préparation	Cuisson	Difficulté	Coût
4 personnes	10 minutes	10 minutes	Très facile	Bon marché

INGRÉDIENTS

400 g de penne

100 g de parmesan râpé + pour servir

100 g de mozzarella

100 g de chèvre

50 g de gorgonzola

10 cl de crème liquide

1 cuil. à café d'origan

Noix muscade

Sel, poivre

1. Faites cuire les pâtes al dente dans l'eau bouillante salée comme indiqué sur le paquet.
2. Pendant ce temps, faites fondre les fromages avec la crème à feu doux dans une grande casserole.
3. Salez, poivrez et ajoutez l'origan et de la noix muscade râpée.
4. Égouttez les pâtes, versez-les dans la sauce aux fromages, mélangez pour bien les enrober.
5. Saupoudrez de parmesan et servez aussitôt, dans des assiettes bien chaudes (glissez-les dans le four avant).

ASTUCE

Pour ajouter du croquant à votre recette, agrémentez-la de noix ou de noisettes torréfiées concassées.

RECETTE

POUR SE RÉGALER EN BONNE COMPAGNIE !

Tomates farcies AU FROMAGE DE CHÈVRE

Pour	Préparation	Cuisson	Difficulté	Coût
4 personnes	15 minutes	30 minutes	Très facile	Bon marché

INGRÉDIENTS

4 grosses tomates à farcir

150 g de chèvre frais

1 bûche de chèvre demi-sec

1 oignon

100 g de lardons fumés allumettes

Thym frais

Huile d'olive

Poivre

1. Préchauffez le four à 150 °C (th. 5). Huilez le plat à gratin.
2. Découpez un chapeau sur le dessus des tomates. Évidez-les et mettez la chair dans un saladier. Salez et poivrez l'intérieur des tomates. Pelez et ciselez finement l'oignon.
3. Écrasez le fromage de chèvre frais dans le saladier avec la chair des tomates, 1 cuil. à soupe d'huile d'olive, du thym émietté, les lardons, l'oignon, un peu de sel et de poivre. Ajoutez le chèvre demi-sec émietté, et mélangez bien.
4. Remplissez les tomates de cette farce.
5. Déposez-les dans le plat à gratin. Posez les chapeaux dessus, sans en recouvrir totalement les tomates, pour laisser la farce dorer, et enfournez pour 30 min.

ASTUCE

Dégraissez les lardons en les faisant revenir à sec dans une poêle, puis égouttez-les sur du papier absorbant.

L'INDISPENSABLE

1 plat à gratin

RECETTE

POUR SE RÉGALER EN BONNE COMPAGNIE !

Spaghettis aux légumes ET À LA BURRATA

Pour	Préparation	Cuisson	Difficulté	Coût
4 personnes	20 minutes	20 minutes	Facile	Bon marché

INGRÉDIENTS

250 g de gros spaghettis

2 courgettes

1 aubergine

100 g de sauce tomate

1 burrata

1 pincée de sucre en poudre

Basilic

Huile d'olive

Sel, poivre
et mélange 3 baies

L'INDISPENSABLE

1 écumoire

1. Coupez les courgettes et l'aubergine en demi-rondelles. Faites-les revenir dans une grande sauteuse avec 2 cuil. à soupe d'huile d'olive, salez et poivrez.
2. Ajoutez la sauce tomate et le sucre, puis laissez cuire à feu doux 15 min.
3. Dans le même temps, faites cuire les spaghettis dans l'eau bouillante salée 3 min de moins que le temps indiqué sur le paquet.
4. Retirez les pâtes avec l'écumoire, et plongez-les immédiatement dans la sauce aux légumes, en ajoutant une louche de leur eau de cuisson.
5. Poursuivez la cuisson des pâtes dans leur sauce, en ajoutant éventuellement de l'eau de cuisson pour que la sauce reste onctueuse et n'attache pas. Remuez régulièrement.
6. Versez les pâtes et leur sauce dans un plat de service creux, surmontez-les de morceaux de burrata, de mélange 3 baies et de feuilles de basilic.

ASTUCE

Faites chauffer le plat de service et les assiettes, car les pâtes refroidissent très vite et la sauce risque de figer.

RECETTE

POUR SE RÉGALER
EN BONNE COMPAGNIE !

Velouté de potimarron
À LA FOURME D'AMBERT

Pour	Préparation	Cuisson	Difficulté	Coût
4 personnes	30 minutes	20 minutes	Facile	Bon marché

INGRÉDIENTS

4 petits potimarrons

1 bouillon cube de légumes ou de volaille

250 g de fourme d'Ambert

2 tranches épaisses de pain de campagne

2 cuil. à soupe d'huile

20 g de beurre

Thym frais

Sel et poivre

1. Coupez un large chapeau sur les potimarrons, et évidez-les en laissant au moins 0,5 cm de chair.
2. Faites chauffer l'huile dans un faitout, ajoutez la chair des potimarrons coupée en morceaux, et faites-la revenir 3 min, puis versez 30 cl d'eau et ajoutez le cube de bouillon émietté, salez légèrement.
3. Laissez cuire 20 min à feu moyen et à couvert. La chair doit être très tendre.
4. Pendant ce temps, coupez le fromage et le pain en dés. Faites dorer le pain dans le beurre.
5. Mixez très finement le potimarron, et versez le velouté dans les potimarrons évidés.
6. Répartissez les dés de fromage et les croûtons dessus, parsemez de thym frais, poivrez et servez aussitôt, pour que les croûtons restent croquants.

L'INDISPENSABLE

1 mixeur plongeant

ASTUCE

Ne jetez surtout pas les potimarrons évidés après le repas : leur peau se mange aussi. Coupez-les en morceaux et faites un nouveau velouté, ou farcissez-les à votre guise et faites-les cuire au four.

RECETTE

POUR SE RÉGALER
EN BONNE COMPAGNIE !

Truffade
DE MA GRAND-MÈRE

PAR LucilechezMarmiton

Pour	Préparation	Cuisson	Difficulté	Coût
4 personnes	15 minutes	35 minutes	Facile	Bon marché

INGRÉDIENTS

1 kg de pommes de terre à chair ferme

400 g de tomme fraîche du Cantal

3 cuil. à soupe d'huile de tournesol

Sel, poivre

L'INDISPENSABLE

1 sauteuse

1. Épluchez les pommes de terre, taillez-les en rondelles de 3-4 mm. Lavez-les à l'eau claire, puis séchez-les dans un torchon.
2. Coupez la tomme en petits dés.
3. Faites chauffer l'huile dans une sauteuse.
4. Versez les pommes de terre et faites-les cuire à feu vif pendant 5 à 10 min en remuant régulièrement.
5. Salez, poivrez, baissez le feu et poursuivez la cuisson 30 min environ, toujours en remuant régulièrement.
6. Quand les pommes de terre sont cuites, ajoutez les dés de tomme. Mélangez et poursuivez la cuisson jusqu'à ce que le fromage soit fondu et « file ».
7. Servez aussitôt.

ASTUCE

Faites revenir quelques lardons que vous ajouterez aux pommes de terre juste avant le fromage, ou bien servez cette truffade nature en accompagnement d'une bonne saucisse d'Auvergne grillée !

RECETTES

LE GRATIN DES GRATINS AU FROMAGE

RECETTE

LE GRATIN DES GRATINS AU FROMAGE

Endives au jambon

ET À LA SAUCE AUX FROMAGES

Pour	Préparation	Cuisson	Difficulté	Coût
4 personnes	**25 minutes**	**20 minutes**	**Facile**	**Moyen**

INGRÉDIENTS

4 grosses endives

8 tranches fines de jambon de pays

1 époisses

2 morceaux de sucre

Beurre pour le plat

Persil plat

Pour la béchamel :

50 g de beurre

3 cuil. à soupe de fécule de maïs

40 cl de lait

100 g d'emmental râpé

Noix de muscade râpée

Sel et poivre

L'INDISPENSABLE

1 fouet à main

1. Lavez les endives sous un filet d'eau, essuyez-les rapidement et coupez-les en deux dans la longueur, en retirant le trognon. Portez une casserole d'eau à ébullition, ajoutez le sucre et du sel, et blanchissez les endives 15 min. Égouttez-les soigneusement, la tête en bas.
2. Préchauffez le four à 180 °C (th. 6). Ciselez le persil.
3. Préparez la béchamel. Faites fondre le beurre dans une casserole à feu moyen, ajoutez la fécule et faites-la roussir légèrement, en mélangeant continuellement au fouet. Versez le lait petit à petit, en fouettant, jusqu'à obtenir une consistance épaisse.
4. Hors du feu, ajoutez l'emmental râpé à la béchamel. Salez, poivrez et assaisonnez avec de la muscade râpée.
5. Coupez l'époisses en deux, et taillez chaque moitié en 4 lamelles.
6. Beurrez le plat à gratin puis nappez-le d'une couche fine de béchamel.
7. Enveloppez chaque demi-endive d'une lamelle de fromage puis d'une tranche de jambon.
8. Disposez les endives au jambon dans le plat, nappez du reste de sauce béchamel et enfournez pour 20 min.
9. Poivrez et parsemez les endives au jambon de persil plat ciselé au moment de servir.

ASTUCES

Le sucre dans l'eau des endives en atténue l'amertume.

Vous pouvez réaliser ces endives au jambon avec du jambon blanc et d'autres fromages de votre choix.

RECETTE

LE GRATIN DES GRATINS AU FROMAGE

Aubergines à la parmigiana

Pour	Préparation	Cuisson	Difficulté	Coût
4 personnes	**30 minutes**	**1 h 10**	**Facile**	**Bon marché**

INGRÉDIENTS

1 kg d'aubergines

250 g de mozzarella

100 g de parmesan râpé

Huile d'olive

Gros sel

Pour la sauce tomate :

2 gousses d'ail

10 cl de vin rouge

800 g de tomates concassées en conserve

2 cuil. à soupe de concentré de tomates

2 cuil. à soupe d'huile d'olive

Sel, poivre

1. Coupez les aubergines sans les peler en fines rondelles et faites-les dégorger avec du gros sel pendant 20 min. Rincez-les afin de retirer l'excès de sel, puis séchez-les avec du papier absorbant.
2. Pendant ce temps, préparez la sauce tomate. Pelez et hachez l'ail. Faites-le dorer dans une casserole avec l'huile d'olive. Ajoutez le vin rouge, les tomates ainsi que le concentré, remuez et versez 10 cl d'eau. Salez, poivrez, couvrez et laissez mijoter 45 min.
3. Préchauffez le four à 210 °C (th. 7).
4. Coupez la mozzarella en tranches, puis faites dorer les aubergines à la poêle avec un peu d'huile d'olive.
5. Dans un plat à gratin, alternez les couches d'aubergine, de mozzarella, de parmesan et de sauce tomate. Terminez par de la sauce tomate, de la mozzarella et du parmesan. Enfournez pour 20 min.

ASTUCE

Si vous avez du temps, panez les rondelles d'aubergine en les plongeant dans la farine puis dans l'œuf battu, avant de les cuire dans l'huile.

RECETTE

LE GRATIN
DES GRATINS AU FROMAGE

Gratin de chou-fleur
AU MORBIER ET AUX LARDONS

Pour	Préparation	Cuisson	Difficulté	Coût
4 personnes	**20 minutes**	**20 minutes**	**Facile**	**Bon marché**

INGRÉDIENTS

1 chou-fleur

200 g de morbier

200 g de poitrine fumée

20 cl de crème fraîche

Beurre pour le plat

Sel et poivre

1. Ôtez le trognon et les feuilles extérieures du chou-fleur, détachez les bouquets et faites-les cuire environ 10 min à la vapeur ou dans l'eau bouillante salée. Ils doivent rester légèrement fermes et se tenir.
2. Préchauffez le four à 200 °C (th. 6-7). Beurrez le plat à gratin. Coupez le morbier en tranches, sans retirer la croûte.
3. Coupez la poitrine fumée en gros lardons et faites-les revenir rapidement dans une poêle à sec, puis égouttez-les sur du papier absorbant.
4. Répartissez les bouquets de chou-fleur dans le plat à gratin. Poivrez, parsemez de lardons, nappez de la crème fraîche et recouvrez avec les tranches de morbier. Enfournez pour 20 min.

ASTUCE
Servez parsemé de persil ou de cerfeuil plat ciselé.

RECETTE

LE GRATIN DES GRATINS AU FROMAGE

Tartiflette

PAR Christophe_de_Marmiton

Pour	Préparation	Cuisson	Difficulté	Coût
6 personnes	**30 minutes**	**1 heure**	**Facile**	**Bon marché**

INGRÉDIENTS

1,2 kg de pommes de terre

500 g d'oignons

100 g de lardons découennés

1 ou **2** reblochons

40 cl de vin blanc sec de Savoie

½ **cuil. à café** de baies roses

Persil plat

Beurre

Sel, poivre

1. Faites cuire les pommes de terre 15 min dans de l'eau salée (départ à froid) sans les peler. Épluchez-les, puis coupez-les en rondelles épaisses.
2. Pelez et émincez les oignons. Faites-les revenir dans un peu de beurre. Ajoutez les lardons et les pommes de terre. Laissez mijoter 15 min.
3. Préchauffez le four à 210 °C (th. 7).
4. Versez le vin banc. Salez légèrement et poivrez. Transvasez le tout dans un plat à gratin.
5. Grattez au couteau les reblochons, coupez-les en tranches et rangez-les sur les pommes de terre. Parsemez des baies roses et enfournez pour 30 min. Ajoutez du persil ciselé au moment de servir.

ASTUCES

Vous pouvez servir dans des plats à gratin individuels. Réduisez dans ce cas la cuisson à 20 ou 25 min.

Remplacez les lardons par des dés de jambon cuit ou cru.

Crozets gratinés

AUX LARDONS ET À LA TOMME DE SAVOIE

PAR Cocopassions

Pour	Préparation	Cuisson	Difficulté	Coût
6 personnes	**15 minutes**	**25 minutes**	**Très facile**	**Bon marché**

INGRÉDIENTS

400 g de crozets au sarrasin

150 g de lardons

300 g de tomme de Savoie

1 cube de bouillon de volaille

5 cuil. à soupe de crème fraîche

Sel, poivre

1. Portez une casserole d'eau à ébullition avec le cube de bouillon émietté et un peu de sel.
2. Ajoutez les crozets et laissez cuire environ 15 min.
3. Pendant ce temps, faites griller les lardons à sec dans une poêle.
4. Coupez la tomme en tranches.
5. Préchauffez le four à 210 °C (th. 7).
6. Mettez les crozets égouttés et les lardons dans un plat à gratin.
7. Versez la crème et mélangez.
8. Déposez les tranches de tomme dessus et faites gratiner 10 min au four.

ASTUCE
Vous pouvez préparer des gratins individuels. Dans ce cas, surveillez bien la cuisson au four.

RECETTE

LE GRATIN DES GRATINS AU FROMAGE

Mac and cheese

Pour	Préparation	Cuisson	Difficulté	Coût
4 personnes	**5 minutes**	**15 minutes**	**Très facile**	**Bon marché**

INGRÉDIENTS

300 g de macaronis

200 g de cheddar râpé

20 g de beurre

20 g de farine

30 cl de lait

Sel, poivre

1. Préchauffez le four en mode gril.
2. Portez à ébullition une casserole d'eau salée. Plongez-y les macaronis et laissez-les cuire le temps indiqué sur le paquet, jusqu'à ce qu'ils soient al dente.
3. Pendant ce temps, faites fondre le beurre à feu doux dans une petite casserole.
4. Ajoutez la farine et remuez avec une cuillère en bois sans laisser colorer.
5. Versez le lait petit à petit, sans cesser de remuer, jusqu'à ce que la sauce épaississe.
6. Hors du feu, assaisonnez, ajoutez le cheddar et remuez jusqu'à ce qu'il soit complètement fondu.
7. Égouttez les pâtes et versez-les dans la sauce.
8. Versez le tout dans un plat allant au four et remuez pour bien enrober les pâtes de sauce.
9. Passez le plat sous le gril du four pendant 3 minutes.

RECETTE

LE GRATIN
DES GRATINS AU FROMAGE

Gratin de ravioles
AUX POIREAUX ET AU COMTÉ

Pour	Préparation	Cuisson	Difficulté	Coût
4 personnes	**20 minutes**	**20 minutes**	**Facile**	**Moyen**

INGRÉDIENTS

4 petits poireaux
20 cl de crème liquide
100 g de comté
400 g de ravioles du Dauphiné
Beurre pour le plat
Persil frisé
Sel et poivre

L'INDISPENSABLE

1 écumoire

1. Retirez le pied et la première feuille des poireaux, lavez-les et découpez-les en fines lamelles.
2. Faites-les revenir 10 min dans une casserole avec la crème fraîche, à feu doux et en mélangeant régulièrement. Salez légèrement, et poivrez.
3. Préchauffez le four à 180 °C (th. 6). Beurrez le plat à gratin. Faites bouillir de l'eau dans un faitout pour faire cuire les ravioles. Découpez le comté en bandelettes.
4. Quand l'eau bout, salez-la, décollez dans un angle la plaque de ravioles du papier de protection. Tenez le papier par cet angle pour plonger la plaque entière dans l'eau. Secouez légèrement le papier pour décoller entièrement la plaque et retirez-le de l'eau.
5. Remuez délicatement avec l'écumoire afin de détacher les ravioles. Laissez frémir 1 min, et récupérez les ravioles à la surface de l'eau avec l'écumoire. Les ravioles étant très fragiles, ne les égouttez pas dans une passoire, mais déposez-les immédiatement dans le plat à gratin beurré.
6. Couvrez de poireaux à la crème puis de comté, et enfin de pluches de persil frisé, puis enfournez pour 20 min.

RECETTE

LE GRATIN DES GRATINS AU FROMAGE

Gratin de pâtes

À LA COURGE BUTTERNUT ET AU FROMAGE À RACLETTE

Pour	Préparation	Cuisson	Difficulté	Coût
4 personnes	**30 minutes**	**30 minutes**	**Facile**	**Bon marché**

INGRÉDIENTS

½ courge butternut

200 g de pâtes (torsades, macaronis…)

150 g de fromage à raclette fumé ou non, coupé en tranches

10 cl de crème liquide

1 gousse d'ail

30 g de beurre (+ pour le plat)

Laurier, romarin, thym

Sel et poivre

1. Préchauffez le four à 200 °C (th. 6-7). Beurrez le plat à gratin.
2. Portez la crème à ébullition dans une petite casserole. Pelez et pressez la gousse d'ail.
3. Coupez la demi-butternut en rondelles et sans la peler, puis recoupez les rondelles en petits dés.
4. Faites fondre l'ail avec le beurre dans une sauteuse à feu doux. Ajoutez les dés de butternut, 1 feuille de laurier et une branchette de romarin, et faites-les revenir à feu moyen 10 min. Retirez le laurier et le romarin, poivrez.
5. Portez à ébullition un grand volume d'eau, salez-la et faites cuire les pâtes al dente selon les indications portées sur le paquet. Égouttez-les rapidement et versez-les dans le plat à gratin beurré.
6. Versez la crème sur les pâtes, puis répartissez les dés de butternut dessus.
7. Recouvrez de tranches de fromage à raclette. Parsemez de thym. Enfournez et laissez gratiner 20 min environ. Servez bien chaud.

ASTUCE
Vous pouvez ajouter des lardons ou des morceaux de saucisse fumée sur les dés de butternut avant de les recouvrir de fromage à raclette.

RECETTE

LE GRATIN DES GRATINS AU FROMAGE

Gratin de pain perdu

AU JAMBON ET AU FROMAGE À RACLETTE

Pour	Préparation	Cuisson	Difficulté	Coût
4 personnes	**20 minutes**	**25 minutes**	**Facile**	**Bon marché**

INGRÉDIENTS

2 baguettes rassises

4 tranches fines de jambon blanc

200 g de fromage à raclette en tranches

100 g de lardons fumés

2 œufs

20 cl de lait

20 cl de crème fraîche épaisse

½ cuil. à café de cumin en poudre

1 oignon

50 g d'emmental râpé

Beurre pour le plat

Sel et poivre

1. Coupez les baguettes en tronçons de 15 cm environ, puis ouvrez-les en 2. Déposez-les dans le plat creux.
2. Battez les œufs avec le lait et la crème dans un saladier. Salez, poivrez et ajoutez le cumin. Versez les trois quarts de cette préparation sur le pain rassis et laissez-le s'imbiber.
3. Pelez et émincez très finement l'oignon. Préchauffez le four à 180 °C (th. 6). Beurrez le plat à gratin.
4. Disposez les tronçons de pain imbibés sur la tranche dans le plat, en alternance avec le fromage à raclette, l'oignon et les tranches de jambon. Parsemez des lardons et de l'emmental râpé, puis versez le reste du mélange aux œufs.
5. Enfournez pour 20 à 25 min.

ASTUCES

Vous pouvez préparer ce pain perdu avec toutes sortes de pains, et remplacer le jambon blanc par du jambon cru.

Accompagnez ce plat d'une salade verte avec une vinaigrette bien relevée.

L'INDISPENSABLE

1 grand plat creux

Le top Marmiton

DES FROMAGES À GRATIN

Pour un gratin réussi, avec un fromage qui fond et s'étale à souhait, le choix du fromage est primordial. Mais quels fromages choisir ? Et surtout lesquels éviter ? Suivez le guide.

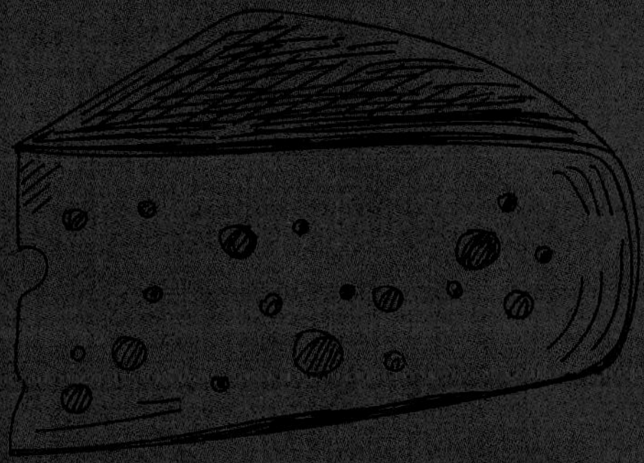

QUI DIT GRATIN DIT GRAS !

Pour qu'un fromage gratine bien, il doit contenir beaucoup de gras et assez d'eau pour bien s'étaler et couler quand on le chauffe, avant de former une belle croûte dorée. Un fromage trop humide, trop frais, qui contient plus d'eau que de gras, ne gratinera pas. Un fromage très sec, qui ne contient presque plus d'eau, comme le parmesan ou tous les fromages dits « vieux » – le gouda, la mimolette et le cantal vieux, par exemple – non plus, car ils ne s'étaleront pas.

Sachez également que les fromages au lait cru gratinent bien mieux que les fromages au lait pasteurisé.

C'EST ENCORE MIEUX À DEUX

N'hésitez pas à mélanger deux types de fromages, tels qu'un fromage à pâte ferme et un plus crémeux – camembert et emmental, par exemple –, pour un résultat bien équilibré, entre fondant et croustillant.

LES BONNES PÂTES

Pour un gratin des plus onctueux, les fromages à pâte pressée cuite sont parfaits : le classique emmental et le gruyère, très doux, le comté et son goût fruité, ou encore l'appenzell, le beaufort et l'abondance, au goût plus prononcé… fondent et donnent leur texture crémeuse aux gratins, tout en formant une croûte croustillante.

Les fromages à pâte filée, comme la mozzarella au goût très doux et la burrata, ou à pâte souple, tels que le reblochon, le saint-nectaire et le fromage à raclette, vont bien s'étaler et former une couche plus molle mais non moins délicieuse, avec beaucoup de fils. Ne retirez pas la croûte : elle est délicieuse fondue !

Le parmesan, qui ne doit être ni trop vieux ni trop sec, n'a pas son pareil pour agrémenter un gratin. Sa pâte est granuleuse, friable et fruitée. Il est idéal pour relever vos gratins de légumes et de pâtes.

Quant au chèvre, au goût très prononcé et intense à la fois, il est parfait coupé en rondelles pour agrémenter vos gratins de légumes. Choisissez-le lui aussi moelleux, ni trop frais, ni trop sec.

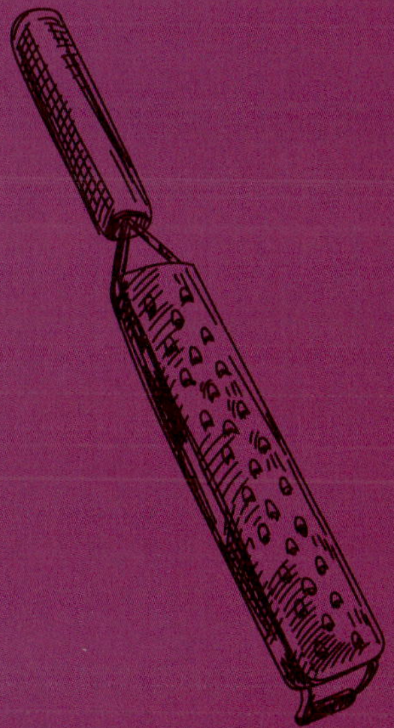

ET POUR METTRE TOUTES LES CHANCES DE VOTRE CÔTÉ…

- Râpez le fromage ou coupez-le en fines lamelles pour que le plat gratine rapidement et uniformément.
- Préchauffez le four à température élevée, afin que le fromage gratine avant que les éléments dessous ne se dessèchent.
- Rappelez-vous que les plats en céramique ou en fonte distribuent mieux la chaleur.
- Ne couvrez jamais le plat à gratin dans le four pour éviter qu'il brûle, la belle croûte dorée ne se formerait pas.
- Pour une croûte plus croustillante encore, parsemez votre gratin de chapelure avant de le couvrir de fromage.

RECETTES

VOUS ÊTES PLUTÔT QUICHES, TARTES OU CAKES ?

RECETTE

VOUS ÊTES PLUTÔT QUICHES, TARTES OU CAKES ?

Tarte rustique

AUX TOMATES ANCIENNES ET À LA BURRATA

Pour	Préparation	Repos	Cuisson	Difficulté	Coût
4 personnes	**20 minutes**	**30 minutes**	**25 minutes**	**Facile**	**Bon marché**

INGRÉDIENTS

3 tomates anciennes bien charnues

1 burrata

Moutarde forte

Basilic frais

Thym

Huile d'olive

Poivre

Pour la pâte :

150 g de farine (+ pour le plan de travail)

75 g de beurre salé froid

1 cuil. à café d'origan séché

2 ou 3 cuil. à soupe d'eau

1. Préparez la pâte. Coupez le beurre en lamelles dans un saladier, et ajoutez la farine, l'origan, du poivre et l'eau. Travaillez rapidement la pâte, en incorporant le beurre à la farine, et formez une boule. Aplatissez-la légèrement du plat de la main et laissez-la reposer 30 min minimum, couverte d'un linge.
2. Coupez les tomates en rondelles épaisses et déposez-les sur du papier absorbant pour éliminer un maximum de jus et ne pas détremper la pâte.
3. Préchauffez le four à 200 °C (th. 6-7).
4. Étalez la pâte, qui doit rester assez épaisse, au rouleau à pâtisserie sur un plan de travail fariné, et foncez-en le moule couvert de papier cuisson sans recouper les bords, assez hauts et qui doivent conserver un aspect rustique.
5. Piquez la pâte à la fourchette et nappez-la de moutarde au pinceau.
6. Disposez les tomates sur le fond de tarte. Parsemez de thym, poivrez et enfournez pour 25 min.
7. À la sortie du four, posez la burrata au centre de la tarte, parsemez-la à son tour de thym, ajoutez un filet d'huile d'olive et quelques feuilles de basilic, et servez en partageant la burrata entre les convives.

LES INDISPENSABLES

1 rouleau à pâtisserie
1 pinceau de cuisine

ASTUCE

Si vous craignez que les tomates soient encore trop juteuses, parsemez le fond de tarte moutardé d'emmental râpé, qui absorbera le jus durant la cuisson.

RECETTE

VOUS ÊTES PLUTÔT QUICHES, TARTES OU CAKES ?

Cake épinards, CHÈVRE FRAIS ET PIGNONS

Pour	Préparation	Cuisson	Difficulté	Coût
10 personnes	**15 minutes**	**45 minutes**	**Facile**	**Bon marché**

INGRÉDIENTS

150 g d'épinards hachés surgelés

200 g de chèvre frais

50 g de pignons de pin

1 oignon

180 g de farine

1 sachet de levure chimique

3 œufs

10 cl de lait

5 cl d'huile de tournesol + pour cuire

Cumin en poudre

Sel, poivre

1. Préchauffez le four à 200 °C (th. 6-7).
2. Faites griller les pignons à sec dans une poêle bien chaude. Réservez.
3. Pelez et émincez finement l'oignon. Faites-le revenir dans la poêle avec de l'huile.
4. Décongelez les épinards au micro-ondes (comptez 1 min 30) et mélangez-les au fromage émietté.
5. Mélangez la farine, la levure, les œufs, le lait et l'huile.
6. Incorporez l'oignon, les épinards au fromage et les pignons. Assaisonnez avec du cumin, du sel et du poivre.
7. Versez la pâte dans un moule à cake beurré et fariné.
8. Enfournez pour 45 min en surveillant la cuisson.

ASTUCE
Servez tiède avec un supplément de chèvre frais à part, pour les gourmands.

RECETTE

VOUS ÊTES PLUTÔT QUICHES, TARTES OU CAKES ?

Pizza blanche CHÈVRE ET MIEL

Pour	Préparation	Cuisson	Difficulté	Coût
4 personnes	**15 minutes**	**15 à 20 minutes**	**Facile**	**Moyen**

INGRÉDIENTS

1 pâte à pizza

1 bûche de fromage de chèvre

3 cuil. à soupe de miel

10 cl de crème fraîche

½ oignon (facultatif)

10 olives noires dénoyautées

Roquette

1. Préchauffez le four à 220 °C (th. 7-8).
2. Déroulez la pâte avec sa feuille de papier cuisson sur une plaque à four.
3. Étalez la crème dessus jusqu'à 1 cm des bords.
4. Coupez le chèvre en fines tranches, puis répartissez-les dessus.
5. Si vous le souhaitez, pelez et émincez l'oignon, puis répartissez-le sur le chèvre.
6. Ajoutez les olives coupées en morceaux.
7. Arrosez de miel et enfournez dans le bas du four pour 15 à 20 min, jusqu'à ce que la pâte soit dorée et croustillante.
8. Décorez de quelques feuilles de roquette.

RECETTE

VOUS ÊTES PLUTÔT QUICHES, TARTES OU CAKES ?

Endives au maroilles
FAÇON TATIN

Pour	Préparation	Cuisson	Difficulté	Coût
6 personnes	**25 minutes**	**35 minutes**	**Facile**	**Bon marché**

INGRÉDIENTS

1 pâte feuilletée
4 belles endives
250 g de maroilles
20 g de beurre salé
1 grosse cuil. à soupe de miel
1 cuil. à soupe de vinaigre balsamique
Poivre
Ciboulette
Graines de pavot

L'INDISPENSABLE

1 moule à manqué

1. Préchauffez le four à 180 °C (th. 6). Lavez les endives, retirez le trognon puis coupez-les en deux.
2. Poêlez vos endives dans le beurre salé pendant 5 min.
3. Ajoutez le miel et poursuivez la cuisson 10 min.
4. Ajoutez le vinaigre balsamique et poursuivez la cuisson jusqu'à totale évaporation du liquide.
5. Déposez harmonieusement les tronçons d'endives dans un moule à manqué. Poivrez.
6. Coupez le maroilles en tranches sur les endives.
7. Recouvrez l'ensemble de pâte feuilletée. Rentrez les bords dans le moule.
8. Enfournez pour 35 min puis laissez légèrement refroidir avant de démouler.
9. Émincez de la ciboulette au-dessus de la tarte et saupoudrez de graines de pavot avant de servir.

ASTUCE
Vous pouvez préparer cette recette avec un autre fromage du même type que le maroilles, comme du munster (plus fort en goût), du livarot ou du pont-l'évêque.

RECETTE

VOUS ÊTES PLUTÔT QUICHES, TARTES OU CAKES ?

Tarte aux trois bleus

Pour	Préparation	Cuisson	Difficulté	Coût
4 personnes	**10 minutes**	**25 minutes**	**Très facile**	**Moyen**

INGRÉDIENTS

1 pâte feuilletée

100 g de roquefort

100 g de gorgonzola

100 g de bleu de Bresse

3 œufs

20 cl de crème liquide

Poivre

1. Préchauffez le four à 180 °C (th. 6). Émiettez ou coupez en petits morceaux les trois fromages.
2. Étalez la pâte feuilletée dans le moule à tarte, avec son papier cuisson, piquez le fond à la fourchette.
3. Répartissez les fromages sur le fond de tarte.
4. Battez les œufs à la fourchette dans un bol avec la crème liquide et du poivre. Versez cet appareil sur les bleus, et enfournez pour 25 min.

ASTUCE

Servez cette tarte chaude, tiède ou froide, accompagnée, selon la saison, d'une belle salade de mâche, de tomates ou d'endives aux noix.

RECETTE

VOUS ÊTES PLUTÔT QUICHES, TARTES OU CAKES ?

Cake « LENDEMAIN DE RACLETTE »

PAR Pépite

Pour	Préparation	Cuisson	Difficulté	Coût
6 personnes	**20 minutes**	**40 minutes**	**Facile**	**Bon marché**

INGRÉDIENTS

100 g de fromage râpé (beaufort, comté ou emmental)

150 g de fromage à raclette

100 g de charcuterie de votre choix

2 œufs

175 g de farine

1 sachet de levure chimique

10 cl de lait

10 cl de vin blanc

2 cuil. à soupe d'huile

Beurre pour le moule

Sel, poivre

1. Préchauffez le four à 200 °C (th. 6-7).
2. Dans un saladier, battez les œufs entiers avec la farine et la levure chimique. Salez légèrement et poivrez généreusement.
3. Incorporez le lait, le vin blanc et l'huile, puis ajoutez le fromage râpé et mélangez jusqu'à obtenir un mélange homogène.
4. Coupez le fromage à raclette et la charcuterie en petits morceaux. Incorporez-les dans la pâte.
5. Beurrez un moule à cake, puis versez-y la préparation.
6. Enfournez pour 40 min.
7. Servez tiède.

RECETTE

VOUS ÊTES PLUTÔT QUICHES, TARTES OU CAKES ?

Tarte figues, FROMAGE DE CHÈVRE ET MIEL

PAR peggy_330

Pour	Préparation	Cuisson	Difficulté	Coût
6 personnes	**10 minutes**	**25 minutes**	**Facile**	**Bon marché**

INGRÉDIENTS

1 pâte brisée

10 figues

2 fromages de chèvre frais

2 cuil. à soupe de miel

80 g de beurre

Thym frais

Poivre

1. Préchauffez le four à 180 °C (th. 6).
2. Déroulez la pâte brisée et étalez-la dans un moule à tarte beurré ou couvert de papier cuisson. Piquez le fond et les bords à la fourchette. Recouvrez la pâte d'une feuille de papier cuisson, puis de légumes secs.
3. Enfournez pour 10 min.
4. Lavez et équeutez les figues. Coupez-les en deux dans le sens de la longueur. Faites fondre le beurre dans une poêle. Quand il commence à mousser, ajoutez les figues et faites-les revenir jusqu'à ce qu'elles caramélisent.
5. Sortez la pâte du four et débarrassez-la des légumes secs et du papier cuisson.
6. Augmentez la température du four à 220 °C (th. 7-8).
7. Tapissez le fond de tarte de fromage de chèvre. Répartissez dessus les figues, faces coupées vers le haut.
8. Nappez d'un filet de miel et poivrez.
9. Enfournez pour 15 min.
10. Parsemez de thym frais avant de servir.

RECETTE

VOUS ÊTES PLUTÔT QUICHES, TARTES OU CAKES ?

Tarte bourdaloue

AU PAVOT ET AU BLEU

Pour	Préparation	Cuisson	Difficulté	Coût
6 personnes	**30 minutes**	**35 minutes**	**Moyenne**	**Moyen**

INGRÉDIENTS

1 pâte sablée
3 poires conférences
100 g de beurre mou
50 g de sucre en poudre
2 œufs
100 g d'amandes en poudre
150 g de fromage bleu
Graines de pavot

1. Préchauffez le four à 180 °C (th. 6).
2. Lavez et épluchez les poires. Coupez-les en deux, retirez les pépins et coupez ensuite chaque moitié de poire en trois quartiers.
3. Mélangez dans un saladier le beurre mou avec le sucre, les œufs et les amandes en poudre.
4. Étalez la pâte dans un moule à tarte beurré ou couvert de papier cuisson et piquez le fond à la fourchette.
5. Posez vos quartiers de poires sur le fond, recouvrez de la crème d'amandes et parsemez de bleu émietté puis de graines de pavot.
6. Enfournez pour 30 à 35 min.

ASTUCE
Vous pouvez varier les types de fromages bleus et les poires selon vos envies et votre marché.

Quiche aux carottes

ET AU ROQUEFORT

Pour	Préparation	Cuisson	Difficulté	Coût
4 personnes	**30 minutes**	**30 minutes**	**Facile**	**Bon marché**

INGRÉDIENTS

1 pâte brisée
500 g de carottes
100 g de roquefort
1 cube de bouillon de volaille
3 œufs
25 cl de crème liquide
100 g de lardons fumés
Cumin ou carvi
Ciboulette
Poivre

LES INDISPENSABLES

1 écumoire
1 presse-purée

1. Grattez ou pelez les carottes, puis lavez-les et coupez-les en fines rondelles.
2. Diluez le cube de bouillon dans une casserole avec 50 cl d'eau bouillante, et faites cuire les carottes pendant 15 min environ. Elles doivent être très tendres. Prélevez-les avec l'écumoire et réduisez-les en purée au presse-purée, sans ajouter de matière grasse.
3. Préchauffez le four à 200 °C (th. 6-7).
4. Battez les œufs à la fourchette dans un bol, puis ajoutez la crème, la moitié du roquefort émietté, la purée de carottes, du poivre et un peu de graines de carvi ou de cumin.
5. Étalez la pâte dans un moule à tarte avec son papier cuisson. Piquez le fond à la fourchette.
6. Répartissez les lardons dessus. Couvrez du mélange aux œufs et carottes. Répartissez à la surface le reste de roquefort émietté, et ajoutez quelques graines de cumin et de carvi.
7. Enfournez pour 25 à 30 min.
8. Servez bien chaud, parsemé de ciboulette ciselée.

ASTUCE
Pour une note sucrée-salée, ajoutez un peu de miel à la purée de carottes.

RECETTE

VOUS ÊTES PLUTÔT QUICHES, TARTES OU CAKES ?

Quiche

AUX TROIS FROMAGES

Pour	Préparation	Cuisson	Difficulté	Coût
6 personnes	**20 minutes**	**30 minutes**	**Facile**	**Moyen**

INGRÉDIENTS

1 pâte brisée

100 g de bleu d'Auvergne

100 g de chèvre cendré

125 g de mozzarella

2 œufs + **2** jaunes

25 cl de lait

25 cl de crème fraîche

Noix muscade râpée

Poivre 5 baies

Sel

1. Préchauffez le four à 180 °C (th. 6).
2. Beurrez un moule à tarte ou couvrez-le de papier cuisson.
3. Étalez la pâte, piquez-la à la fourchette et faites-la précuire à blanc pendant 10 min.
4. Coupez les fromages en morceaux. Battez les œufs entiers et les 2 jaunes avec le lait, la crème fraîche, de la noix muscade, du sel et du poivre.
5. Répartissez les morceaux de fromage sur le fond de tarte, puis versez dessus la préparation aux œufs.
6. Enfournez pour 25 à 30 min ; la préparation doit bien gonfler et dorer.

ASTUCES

Vous pouvez utiliser une pâte feuilletée, qui ne demande alors aucune précuisson, et un bleu différent : bleu des Causses, roquefort, bleu de Gex, fourme, bleu de chèvre...

Servez cette quiche avec une salade verte bien relevée.

Sur un plateau

LES RÈGLES D'OR POUR UN PLATEAU DE FROMAGES RÉUSSI

- Sortez les fromages du réfrigérateur environ une heure avant la dégustation, pour qu'ils soient à température ambiante et que tous les arômes se développent.
- Disposez les fromages en cercle, du plus doux au plus fort (demandez conseil à votre fromager).
- Préférez un plateau dans une matière naturelle : bois, ardoise, grès... En saison, vous pouvez poser vos fromages sur des feuilles de vigne.
- Prévoyez plusieurs couteaux, pour les différentes pâtes.
- Présentez avec vos fromages une belle variété de pains : pain de campagne, pain aux céréales, pain complet, pain de seigle, pain aux noix, pain aux raisins ou autres fruits secs...
- Et, si vous avez le temps et que certains des fromages que vous avez choisis sont méconnus de vos convives, faites des étiquettes avec leur nom.

PAR ICI LES *PERFECT CHEESE BOARDS*

Plus ou moins sophistiquées, ces planches apéritives garnies de fromages et d'une foule d'accompagnements sont aussi appétissantes et conviviales que jolies à regarder, car très colorées. Composez-les au gré de votre imagination et de vos envies, en pensant néanmoins à varier les pâtes des fromages : pâte molle, pâte dure, persillée, pressée..., au lait de vache, de chèvre et de brebis.

- **Jouez avec les couleurs et les formes**

Coupez certains fromages, comme le cheddar et la mimolette ou le gouda, en cubes, d'autres, comme le comté et les tommes dures, en lamelles ou en bâtonnets. Pensez aux fromages au cumin, aux truffes, au piment d'Espelette...

- **Pour une version veggie**

Disposez autour des fromages des fruits frais et/ou secs, selon la saison : mûres, grappes de raisin, figues, quartiers de pommes et de poires, dés de mangue, mais aussi noix, amandes, pruneaux, abricots et raisins secs...

Présentez dans des coupelles des chutneys un peu épicés de figues ou de mangues, du confit d'oignons rouges, mais aussi de la confiture de griottes, de tomates vertes, de la gelée de pomme, de groseille ou d'airelle, du miel, de la pâte de coing, des petits cornichons, des olives...

Et enfin, ajoutez quelques radis et des tomates cerise.

- **Pour une planche mixte**, alliant charcuterie et fromages, privilégiez les tranches fines, à l'italienne, et variez les jambons crus, les jambons cuits et les saucissons, français, italiens et espagnols... Pensez à la mortadelle, à la coppa. Présentez certaines de vos charcuteries roulées sur des petites piques en bois, et d'autres sous forme de mini-sandwichs. Ajoutez différents crackers et des gressins.

- **La touche finale :** décorez vos planches de fleurs comestibles et de branchettes d'herbes aromatiques : thym, romarin, menthe basilic...

RECETTES

DU FROMAGE POUR LE DESSERT !

RECETTE

DU FROMAGE
POUR LE DESSERT !

Tiramisu

Pour	Préparation	Réfrigération	Difficulté	Coût
6 personnes	20 minutes	4 heures	Facile	Bon marché

INGRÉDIENTS

5 œufs

150 g de sucre roux

1 ½ sachet de sucre vanillé

375 g de mascarpone

36 biscuits à la cuillère

75 cl de café noir serré non sucré

45 g de cacao amer en poudre

LES INDISPENSABLES

1 maryse
1 fouet à main

1. Séparez les blancs des jaunes d'œufs. Réservez les blancs.
2. Dans un saladier, fouettez les jaunes d'œufs avec le sucre roux et le sucre vanillé jusqu'à ce que le mélange blanchisse. Ajoutez peu à peu le mascarpone et fouettez jusqu'à obtenir une préparation bien lisse.
3. Montez les blancs en neige ferme et incorporez-les délicatement à la maryse au mélange précédent. Réservez.
4. Trempez rapidement les biscuits dans le café et tapissez-en le fond d'un plat à bords hauts.
5. Recouvrez d'une couche de crème au mascarpone puis répétez l'opération en alternant couches de biscuits et couches de crème, en terminant par de la crème au mascarpone.
6. Réservez au réfrigérateur 4 h au minimum.
7. Saupoudrez de cacao, idéalement à l'aide d'une petite passoire, juste avant de servir.

ASTUCES

Vous pouvez présenter ce dessert en version individuelle, dans des verrines.

Si vous avez des madeleines ou des brioches un peu sèches, utilisez-les à la place des biscuits à la cuillère. Cette version anti-gaspi sera tout aussi délicieuse !

RECETTE

DU FROMAGE
POUR LE DESSERT !

Cheesecake

Pour	Préparation	Cuisson	Réfrigération	Difficulté	Coût
8 personnes	**20 minutes**	**50 minutes**	**4 heures**	**Facile**	**Bon marché**

INGRÉDIENTS

Pour le biscuit :

250 g de biscuits sablés

125 g de beurre fondu

½ cuil. à café de noix muscade râpée

Pour la garniture :

500 g de fromage blanc frais (type faisselle)

150 g de sucre en poudre

2 cuil. à soupe de farine

3 œufs

25 cl de crème fraîche

3 gouttes d'extrait de vanille

1. Préchauffez le four à 180°C (th. 6) et tapissez le moule de papier cuisson.
2. Préparez le biscuit : émiettez les biscuits puis mélangez-les dans un grand bol avec la muscade et le beurre fondu.
3. Tapissez le fond du moule de ce mélange en tassant bien avec le dos d'une cuillère. Réservez au réfrigérateur.
4. Battez la faisselle bien égouttée jusqu'à ce qu'elle soit lisse, puis ajoutez le sucre, la farine et les œufs un à un. Ajoutez ensuite la crème et l'extrait de vanille. Mélangez.
5. Versez cette préparation sur le biscuit, qui doit être complètement recouvert.
6. Enfournez pour 50 min environ, jusqu'à ce que la préparation au fromage blanc soit ferme au toucher.
7. Laissez refroidir dans le four éteint, puis placez le cheesecake au réfrigérateur pendant 4 h avant de servir.

ASTUCES

Un coulis de fruits rouges s'accordera parfaitement avec le cheesecake.

Vous pouvez remplacer l'extrait de vanille par de l'extrait d'orange. Dans ce cas, remplacez le coulis de fruits rouges par des zestes d'orange confits.

L'INDISPENSABLE

1 moule à charnière
de 24 cm de diamètre

RECETTE

DU FROMAGE
POUR LE DESSERT !

Charlotte

AU MASCARPONE ET AUX FRUITS D'ÉTÉ

Pour **6 personnes**

Préparation **20 minutes**

Réfrigération **3 heures**

Difficulté **Facile**

Coût **Bon marché**

INGRÉDIENTS

200 g de biscuits à la cuillère

200 g de mascarpone

400 g de fromage blanc

80 g de sucre glace

30 cl de jus d'orange

200 g de fraises

2 pêches

L'INDISPENSABLE

1 moule à charlotte

1. Dans un grand bol, mélangez le fromage blanc, le sucre et le mascarpone.
2. Épluchez et coupez les pêches en dés. Mettez de côté 6 à 8 fraises, équeutez les autres et coupez-les en quartiers.
3. Trempez rapidement les biscuits dans le jus d'orange et tapissez-en les parois du moule, en les disposant debout, côté sucré vers l'extérieur.
4. Garnissez le moule en alternant une couche de préparation au fromage, une couche de fruits et une couche de biscuits trempés dans le jus. Terminez par une couche de biscuits.
5. Couvrez avec une assiette et mettez un poids dessus, puis placez au moins 3 h au frais.
6. Juste avant de servir, démoulez la charlotte sur un plat à gâteau, équeutez et coupez en quartiers les fraises mises de côté pour décorer le dessus de la charlotte. Saupoudrez de sucre glace.

ASTUCES

Les biscuits à la cuillère peuvent être remplacés par des boudoirs.

Variez les fruits en fonction du marché et de vos envies : ananas, mangue, framboises....

RECETTE

DU FROMAGE
POUR LE DESSERT !

Soufflés à la ricotta ET AU CITRON

Pour	Préparation	Cuisson	Réfrigération	Difficulté	Coût
4 personnes	**20 minutes**	**30 minutes**	**2 heures**	**Moyenne**	**Bon marché**

INGRÉDIENTS

250 g de ricotta

½ citron

3 œufs

60 g de sucre glace
(+ pour les ramequins)

Beurre pour les ramequins

LES INDISPENSABLES

1 moule à manqué
(ou un plat à gratin)
4 ramequins
1 batteur électrique
1 maryse

1. Préchauffez le four à 180 °C (th. 6) et glissez dedans le moule à manqué contenant 3 cm d'eau environ, pour faire cuire les soufflés au bain-marie. Râpez le zeste du demi-citron, puis pressez-le.
2. Cassez les œufs en séparant les blancs des jaunes. Mélangez la ricotta avec les jaunes d'œufs, 1 cuil. à soupe de jus de citron et le sucre glace dans un saladier.
3. Battez les blancs en neige bien ferme. Incorporez-les délicatement à la préparation à la ricotta avec la maryse. Ajoutez le zeste de citron.
4. Versez la préparation dans les ramequins beurrés et chemisés de sucre glace.
5. Enfournez pour une cuisson au bain-marie de 30 min ; les soufflés doivent être encore tremblotants.
6. Laissez-les refroidir puis glissez-les au réfrigérateur pendant 2 h au moins avant de les servir, saupoudrés de sucre glace.

ASTUCE
Préparez de la même façon des soufflés à l'orange, en ajoutant quelques gouttes de fleur d'oranger.

RECETTE

DU FROMAGE
POUR LE DESSERT !

Gâteau au fromage blanc

Pour	Préparation	Cuisson	Réfrigération	Difficulté	Coût
6 personnes	**20 minutes**	**1 heure**	**2 heures**	**Facile**	**Bon marché**

INGRÉDIENTS

400 g de fromage blanc

4 œufs

1 citron

100 g de sucre glace

40 cl de crème fraîche épaisse

90 g de fécule de maïs

1 cuil. à café d'extrait de vanille liquide

Beurre pour le moule

1. Cassez les œufs en séparant les blancs des jaunes. Râpez le zeste du citron. Préchauffez le four à 150 °C (th. 5).
2. Mélangez dans un grand saladier le fromage blanc avec le sucre glace, la crème, les jaunes d'œufs, la fécule de maïs, l'extrait de vanille et le zeste de citron.
3. Battez les blancs en neige très ferme, puis incorporez-les délicatement au mélange précédant avec la maryse, sans les « casser ».
4. Versez la pâte dans le moule beurré, et enfournez pour 1 h environ (un couteau piqué dans le centre doit en ressortir sec).
5. Laissez le gâteau refroidir et se raffermir dans le moule, puis démoulez-le sur un plat et mettez-le au réfrigérateur au moins 2 h avant de le déguster.

ASTUCE
Accompagnez ce gâteau d'un coulis de fruits maison de fraises, framboises, mûres, mangues, abricots...

LES INDISPENSABLES

1 batteur électrique
1 maryse
1 moule à charnière et bord haut de 20 cm de diamètre

RECETTE

DU FROMAGE POUR LE DESSERT !

Tourteau vendéen

ET COULIS DE FRUITS ROUGES

Pour	Préparation	Repos	Cuisson	Difficulté	Coût
4 personnes	**30 minutes**	**2 heures**	**40 minutes**	**Moyenne**	**Bon marché**

INGRÉDIENTS

250 g de fromage de chèvre frais

150 g de sucre en poudre extrafin

5 cl de lait

6 œufs

60 g de farine

1 cuil. à soupe de cognac (facultatif)

Pour la pâte brisée :

180 g de farine

90 g de beurre coupé en lamelles (+ pour le moule)

1 pincée de sel

2 cuil. à soupe d'eau

Beurre pour le moule

Pour le coulis :

250 g de fruits rouges

20 g de sucre roux

1 cuil. à soupe de jus de citron

1. Réalisez une pâte brisée. Coupez le beurre en lamelles dans un saladier et ajoutez la farine, le sel et l'eau. Travaillez rapidement la pâte, en incorporant le beurre à la farine, et formez une boule. Aplatissez-la légèrement du plat de la main et laissez-la reposer 2 h, couverte d'un linge.
2. Abaissez la pâte au rouleau à pâtisserie et garnissez-en le moule beurré. Préchauffez le four à 250 °C (th. 8-9).
3. Préparez la garniture. Battez dans un saladier le fromage de chèvre frais avec 120 g de sucre et le lait jusqu'à obtenir un mélange homogène.
4. Cassez les œufs en séparant les blancs des jaunes, et battez les blancs en neige bien ferme en ajoutant le reste de sucre quand ils ont déjà monté.
5. Incorporez les jaunes au mélange au fromage, puis ajoutez la farine en pluie et éventuellement le cognac.
6. Incorporez enfin les blancs en neige avec la maryse, sans les « casser ».
7. Versez l'appareil sur la pâte brisée et enfournez pour 20 min, puis baissez la température du four à 180 °C (th. 6) et prolongez la cuisson de 20 min. Quand le tourteau est cuit, la pâte doit être bombée au milieu et couverte d'une croûte noire.
8. Préparez le coulis en mixant les fruits avec le sucre et le jus de citron.

ASTUCE

À défaut de moule spécial tourteau, utilisez une assiette creuse allant au four de 16 cm de diamètre environ, ou encore un petit moule à manqué à bord haut.

LES INDISPENSABLES

1 rouleau à pâtisserie
1 batteur électrique
1 moule à tourteau fromager
1 maryse
1 mixeur plongeant

RECETTE

DU FROMAGE
POUR LE DESSERT !

Tarte à la brousse

Pour	Préparation	Cuisson	Difficulté	Coût
4 personnes	**20 minutes**	**35 minutes**	**Facile**	**Bon marché**

INGRÉDIENTS

200 g de brousse

1 pâte sablée ou feuilletée

2 œufs

80 g de sucre en poudre

2 cuil. à soupe de poudre d'amandes

2 cuil. à soupe de crème fraîche

1 pincée de cannelle

2 sachets de sucre vanillé

1. Préchauffez le four à 180 °C (th. 6).
2. Battez les œufs au fouet avec le sucre en poudre. Ajoutez la brousse, la poudre d'amandes, la crème fraîche et la cannelle.
3. Étalez la pâte dans le moule, avec son papier cuisson. Piquez le fond à la fourchette et versez la préparation à la brousse dessus, puis saupoudrez-la du sucre vanillé.
4. Enfournez pour 30 à 35 min.

ASTUCES

Servez ce gâteau très frais avec une marmelade de clémentines corses.

Ajoutez à la préparation à la brousse des raisins secs gonflés dans le thé et bien égouttés.

L'INDISPENSABLE

1 fouet à main

RECETTE

DU FROMAGE
POUR LE DESSERT !

Fontainebleau

Pour	Préparation	Réfrigération	Difficulté	Coût
6 personnes	**15 minutes**	**12 heures**	**Très facile**	**Bon marché**

INGRÉDIENTS

50 cl de crème liquide entière

4 yaourts brassés

250 g de sucre en poudre

4 blancs d'œufs

LES INDISPENSABLES

6 verrines
1 batteur électrique
1 passoire à mailles fines

1. Fouettez la crème dans un saladier au batteur électrique.
2. Ajoutez les yaourts brassés et le sucre puis battez le tout ensemble.
3. Séparez les blancs des jaunes d'œufs. Montez les blancs en neige ferme, puis incorporez-les délicatement au mélange.
4. Versez la préparation dans une grande passoire à mailles fines placée sur une grande jatte ou un saladier pour l'égoutter. Réservez au réfrigérateur pendant 12 h en vidant régulièrement le liquide.
5. Servez dans des ramequins individuels, nature ou accompagné d'un coulis de fruits rouges ou de chocolat fondu.

ASTUCE
Remplacez le yaourt par de la faisselle pour un fontainebleau plus traditionnel.

Couverture : plat 1 : Marielle/Photocuisine ; plat 4 : Bru/Photocuisine ; Presse Partenaire/Photocuisine ; Nicolas Edwige/Photocuisine ; Jeanne B/Photocuisine.

p. 7 : Anna_Shepulova / iStock / Getty Images Plus ; p. 9 : Ploton / Photocuisine ; p. 11 : Ophélie Lequesne / Marmiton ; p. 13 : Chez Elles / Photocuisine ; p. 15 : Viel / Photocuisine ; p. 17 : Duca / Photocuisine ; p. 19 : Garnier / Photocuisine ; p. 23 : Carnet / Photocuisine ; p. 25 : Barret / Photocuisine ; p. 27 : MarianVejcik / iStock / Getty Images Plus ; p. 29 : Marmiton ; p. 31 : Larisa Blinova / Shutterstock ; p. 33 : Lawton / Photocuisine ; p. 35 : zia_shusha / iStock / Getty Images Plus ; p. 37 : Shaiith / iStock / Getty Images Plus ; p. 43 : Thys / Photocuisine ; p. 45 : Thys / Photocuisine ; p. 47 : haoliang / E+ / Getty Images Plus ; p. 49 : Bru / Photocuisine ; p. 51 : Ploton / Photocuisine ; p. 55 : Garnier / Photocuisine ; p. 57 : Irina Meliukh / Shutterstock ; p. 59 : LauriPatterson / E+ / Getty Images Plus ; p. 61 : Presse Partenaire / Photocuisine ; p. 63 : Nicolas Edwige / Photocuisine ; p. 65 : Nicolas Edwige / Photocuisine ; p. 67 : Ophélie Lequesne / Marmiton ; p. 69 : Bru / Photocuisine ; p. 71 : Misha Feriukov / Shutterstock ; p. 73 : koss13 / Shutterstock ; p. 75 : Carnet / Photocuisine ; p. 77 : Nicolas Edwige / Photocuisine ; p. 79 : Presse Partenaire / Photocuisine ; p. 83 : Thys / Photocuisine ; p. 85 : Presse Partenaire / Photocuisine ; p. 87 : Ploton / Photocuisine ; p. 89 : margouillatphotos / iStock / Getty Images Plus ; p. 91 : Ploton / Photocuisine ; p. 93 : Ploton / Photocuisine ; p. 95 : Lady Coquillette / Photocuisine ; p. 97 : Tremblay / Photocuisine ; p. 99 : Marielle / Photocuisine ; p. 105 : Jubault / Photocuisine ; p. 107 : Jubault / Photocuisine ; p. 109 : Manina Hatzimichali / Marmiton ; p. 111 : Presse Partenaire / Photocuisine ; p. 113 : Ploton / Photocuisine ; p. 115 : Deslandes / Photocuisine ; p. 117 : Lena_Zajchikova / iStock / Getty Images Plus ; p. 119 : Ploton / Photocuisine ; p. 121 : Presse Partenaire / Photocuisine ; p. 123 : photosimysia / iStock / Getty Images Plus ; p. 129 : Nurra / Photocuisine ; p. 131 : Lady Coquillette / Photocuisine ; p. 133 : A Point Studio / Photocuisine ; p. 135 : Marielle / Photocuisine ; p. 137 : Jeanne B./ Photocuisine ; p. 139 : Ploton / Photocuisine ; p. 141 : Deslandes / Photocuisine ; p. 143 : Balme / Photocuisine.

Pictogrammes
Created by Vectors Market from the Noun Project p. 38 : Created by N.Style from the Noun Project ; Created by Vectors Market from the Noun Project ; p. 100 : Created by Vectors Market from the Noun Project ; p. 101 : Created by Alex Chocron from the Noun Project ; p. 125 : Created by Evalien Wiersma from the Noun Project.

Merci à tous les membres de l'équipe Marmiton et à l'ensemble des marmitons qui, pour notre plus grand bonheur, apportent chaque jour leur pierre à l'édifice de transmission que constitue Marmiton.

Réalisation : Les Pointilleuses
Suivi éditorial : Annabelle Roche
Réalisation graphique : Élodie Bourgeois
Collaboration pour la rédaction : Béatrice Argentier-Le Squer
Correction : Béatrice Argentier-Le Squer et Camille Didelon

Fabrication : Christian Toanen et Nikola Savic

Dépôt légal : octobre 2024
ISBN 13 : 978-2-7499-5901-6
LAF3128E
Achevé d'imprimer en UE